我家親子教育 妙招一籮筐！

讓孩子主動收拾的 親子整理術

6大情境X實作圖例X零難度技巧
大人從家事中脫身的親子整理秘訣！

小堀愛生 著　洪筱筑 譯

MOOK 墨刻出版

為什麼沒辦法好好收拾？

東西用完沒有物歸原處、到處亂放！看到這樣的房間，您是否也曾有過忍不住氣得大罵孩子「快給我去收拾房間！」，或是苦惱「他到底為什麼不肯好好收拾」這類的經驗呢？又或者，您現在就正處於這種情況呢？

這時候，我們經常會無意間陷入一種情況，那就是因為過於在乎「規矩」這兩個字，而去責罵孩子。但是孩子如果因為「做不到」而被罵，反而會因為恐懼的情緒，變得更畏畏縮縮，甚至產生壓力，到最後就會認為「反正我就是做不到」，在成長的道路上自己踩了煞車。

事實上，「沒有辦法好好收拾」都是事出有因的。

如果能找出那個原因，那麼大人不只能更輕鬆，還能從中找到跟孩子一起整理的樂趣。無法好好收拾的理由，除了有不曉得該如何收拾之外，其實和孩子搆不搆得到、拿不拿得動重物等身體條件息息相關。另外，想要一次整理到位有一定難度，這種時候更重要的是，要從簡單的小地方開始，一點一點慢慢努力完成。不管從多微小的地方開始都沒關係，重點是要讓孩子能夠透過實作，建立「我做得到！」的成就感，這

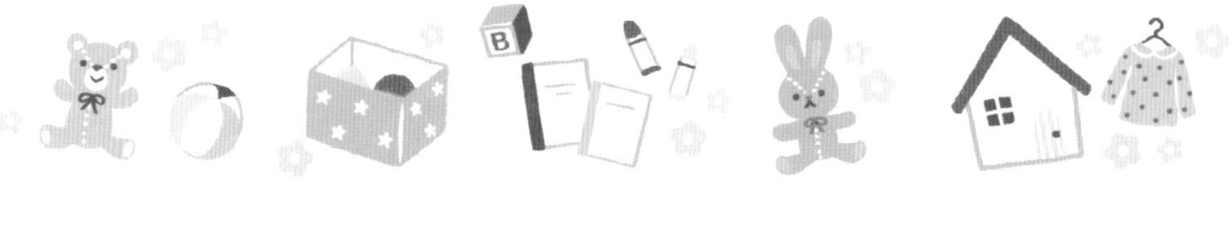

對孩子將來成長也會是一大助力。

在孩子收拾整理後，適時地表達感謝，會讓孩子產生「我幫助到人了！」的成就感，進而感覺到自己是有用之人。即使等到孩子長大成人後，這依舊是非常重要的一件事。另外，透過小小的成功，不但能幫助於孩子建立自信，同時也能提高自我肯定。

家庭對於孩子們來說，是最初的社會。而這個社會中，孩子們有著最喜歡的家人陪伴在一旁，是個能讓他們感到安心且安全的環境。對於他們來說也是個能從失敗中學習的地方。正因如此，我希望比起結果，各位家長更能重視**「孩子在過程中是否有努力過」**。

本書會透過不同的家庭形態作為範本，向各位介紹讓孩子們覺得「收拾好簡單啊」的收納方法，同時也告訴您，在收拾這個領域的育兒之道。

記住，「收納」對孩子們來說不是幫忙，而是他們作為家庭的一份子，能夠感受到自我成長的一種方式。

小堀愛生（こぼめぐ）

目錄

小堀愛生流 收納整理×育兒6大守則

守則 1×規劃物品的固定位置

如果買完菜回來，看到冰箱裡凌亂地塞滿了各式各樣的食材，想必都會讓人懶得整理吧。而孩子們的收納也是同樣的道理。事先依照物品的種類規劃好收納位置，讓孩子一眼就能辨別東西應該收納在哪個地方。

確認要點

- ☐ 將收納位置分門別類
- ☐ 收納箱要看得到裡面的東西
- ☐ 貼標籤
- ☐ 保留多出的空間

守則 2×角色分配

不能只在當下讓孩子幫忙。為了讓他們能夠養成習慣，應該事先規劃好哪些東西是由孩子們管理，同時分配由他們負責收拾或打掃的區域，創造出一個讓孩子們自動自發的環境，並教導他們身為家庭一員的責任吧！

確認要點

- ☐ 決定孩子們的管轄區域
- ☐ 分配整理工作給孩子
- ☐ 指派打掃的工作
- ☐ 達成任務時，稱讚孩子並表示謝意

守則 3 × 打造一個符合孩子身型的收納環境

由於孩子骨骼、肌肉尚未發育成熟，一定會遇到他們打不開收納蓋、拿不動收納箱的狀況。也可能因為身高太低拿不到高處的東西，或是看不見物品。所以在打造收納環境時，記得以孩子的視角去做規劃喔！

確認要點

- ☐ 選擇孩子能輕鬆開關的收納用具
- ☐ 依孩子的力氣也能輕鬆移動的工具
- ☐ 收納位置是孩子觸手可及之處
- ☐ 收納位置是孩子視線所及之處

守則 4 × 縮短孩子的移動距離

若使用物品的場所距離收納位置太遠，會很不方便整理。所以在規劃時，可以在使用物品的場所安排收納空間，若空間上不允許的話，也能使用工具箱或托盤等道具，讓孩子整理完物品後能輕鬆搬運！

確認要點

- ☐ 決定使用物品的場所
- ☐ 在使用的場所規劃收納空間
- ☐ 準備能夠將整理完的物品一次搬運的工具
- ☐ 在換衣場所的周遭規劃衣物收納空間

守則 5

和孩子一起討論東西的去留

東西一旦變多，就會變得很難以收拾。用收納箱或是書架的尺寸決定玩具與書籍的可容納數量，或是用抽屜與衣架來規定可擁有的衣服件數，只要超過其數量就要開始思考是否要處理掉哪些東西。別忘了和孩子一起決定要處置的東西喔！

確認要點

- ☐ 玩具箱內的東西如果滿出來就進行處置
- ☐ 處理掉沒在看的書和講義
- ☐ 櫥櫃、衣櫃預留多餘空間
- ☐ 和孩子一起討論，決定物品的去留

守則 6

和孩子眼神交會、心靈相通

收拾整理時，假使孩子不怎麼擅長收納，還是要和他們說聲「謝謝」或是「幫大忙了」。這種時候慢慢靠近他們，蹲下來和他們目光交會是非常重要的。同理，在他們遇到困難，或是交付任務給他們的時候也是，記得說說話，讓他們知道你隨時都在身邊。

確認要點

- ☐ 在一旁看著孩子們的收拾狀況
- ☐ 對孩子表達感謝之意
- ☐ 對孩子的努力過程做誇獎，而不是對成果
- ☐ 聽孩子說話時，與他們視線同高

我家的收納小撇步

讓全家人都能感到舒適的空間，與符合生活動線的規劃配置有很大的關係。這裡將會介紹兩個以育兒為前提進行空間規劃的家庭，希望透過他們的收納方法，能夠找到您解決煩惱的方法。

範例 1

以廚房為中心的裝潢設計， 讓全家人能夠共同分享玩耍、 讀書、放鬆的空間

月井宅邸

孩子年齡：10歲、8歲、4歲

範例 2

利用家庭衣櫃做為換衣輔助， 讓出門準備無負擔

室井宅邸

孩子年齡：2歲、0歲

範例 1

以廚房為中心的裝潢設計，讓全家人能夠共同分享玩耍、讀書、放鬆的空間

月井宅邸

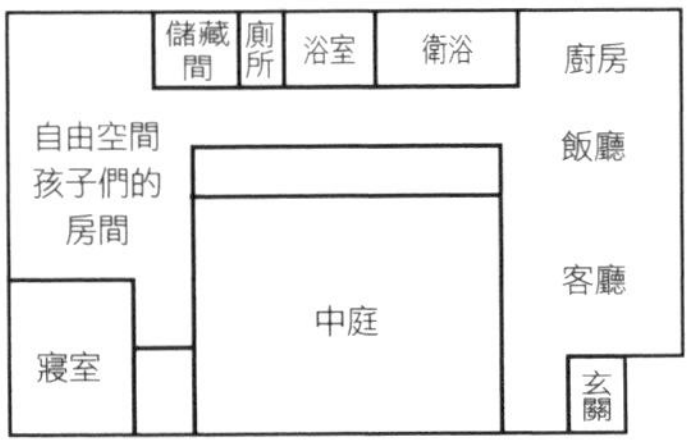

在家人共享的場所、共有的時間內一起育兒。活用收納箱是收納的一大訣竅。

格局

3LDK

10歲　8歲　4歲

多多利用櫃子下方收納學習用具。若沒有內建的分層也沒關係，可以根據收納目的或是物品，選擇收納架並設置在櫃子下方。如果是附帶多個抽屜的櫃子，也可以分門別類地收納全家人的日用品。

把孩子的美勞作品當作客廳的裝飾。不要裝飾在房間各處，將作品集中在一處（牆面），就不會看起來太過雜亂。

自然而然就能收拾好
自然而然看見家人的表情

「——管理孩子從幼稚園到小學的所有物品其實很困難。比起對孩子怒吼『快去收拾』，我更想要創造出一個東西自然而然就能歸位的家。」月井太太這麼說道。

搬到現在的這個家的前2年半，我一直都是以最小限度去做整理。像是實際確定東西的收納位置，利用收納箱或收納盒去整理等。

為了能在做菜的同時，也能邊照看孩子，我在規劃室內格局時，把廚房設計成能夠看得見客廳、飯廳的空間。而且我在廚房吧台櫃的下方，也設置了孩子專用的收納空間。因為孩子們回家後，是否能馬上將書包等行李收好是一大關鍵。這樣一來，書包就不會亂放在客廳或飯廳了。

關於物品的固定收納位置，孩子的美勞作品也是一樣的道理。在牆上裝飾3個孩子的美勞作品，也能讓整個空間產生一點畫廊的感覺，來家裡作客的人也會很開心。

平常只要把門關起來看起來就很乾淨的廚房收納。開門後，櫃子裡的眾多收納盒就登場了！因為有貼上標籤，所以裡面裝了什麼全部一目瞭然。

洗手台是全家人每天都會用到的地方。為了讓孩子能夠獨立完成自己該做的事，將毛巾等物品放在較低的位置，方便孩子拿取。

因為希望洗衣專區可以有空曠的空間使用，所以原則上不在地板上放任何東西。在牆上架設一定高度的層架，注重大人使用得是否順手。

家庭日用品收到櫃子裡
只有孩子的東西放在較低的位置

負責決定物品固定收納位置的月井夫婦深知，讓全家人都知道東西應該放在哪裡是一件非常重要的事。如果是日常會使用到的東西，他們會依種類，決定應該放在收納箱還是收納盒裡，並貼上標籤，以便一眼就能知道裡面放了什麼。使用同樣設計的標籤貼，便能讓外觀看起來很整潔。

特別是廚房的牆面收納，非常值得一看。從食材開始，到料理用具、廚房用品，全部放在籃子裡，確實地收好。

「讓整理變得輕鬆簡單！另一個優點是，客人來訪時，只要把門關起來，就能藏住雜亂的物品。」

再來，為了讓孩子能夠獨立，他們也考慮到擺放的場所跟位置。降低洗臉空間的架子高度，讓孩子能夠輕易拿取毛巾；把雨具放在玄關，下雨天時就可以馬上使用。不管是哪個場所，地板上都不要亂放東西。透過這樣的努力，孩子自然而然也能自己做出門準備。

把3兄弟的內衣褲收納在透明的收納盒裡。使用帶有插圖的標籤貼，這樣一來就算不識字，也能清楚分辨位置。

為了不讓玩樂空間太過狹窄，特別留心於利用高度去收納。當然，所謂的高度必須考量到孩子的身高。

裱框後的獎狀放置在嵌入桌子上方的層架上。桌上不要擺放物品，就能更寬廣地使用這個空間。

衣物盡量用衣架掛起來，這樣才能輕鬆拿取。同時也是能方便孩子選擇「要穿哪件」的重點。

不只有鞋子，將戶外遊戲的道具或雨具收在玄關。如此一來，必要時就能馬上拿出需要的東西。

讓孩子一目瞭然的收納方式
設法讓孩子能更輕易幫忙

孩子的房間是玩耍、更衣、學習的空間。為了不讓空間變凌亂，並且讓孩子知道什麼東西放在哪裡，我們將物品按照種類，又或是依照每個孩子各自擁有的東西去決定固定的擺放位置。

像是衣櫃，長男跟次男的衣服會用衣架掛好。由於是掛在衣架上，因此不僅不用花時間摺衣服，還能快速挑選出自己要穿的衣服，非常方便。而主要放內衣褲的收納盒，則是活用附上插圖的標籤貼。這樣即使是還在上幼稚園的女兒，看到插圖也能輕鬆地收納衣服。

範例 2

利用家庭衣櫃做為換衣輔助，讓出門準備無負擔

以孩子方便活動為考量設計的室內格局，讓孩子能伸手可及的收納方式也很重要。

室井宅邸

格局

3LDK＋閣樓

2歲　0歲

隨時都能看到家人的臉，聽到家人聲音的室井家。因為是家庭式衣櫃（在廚房的旁邊），所以也能一起更衣。

收納技巧
01

活用無印良品的抽屜和IKEA的收納箱，家庭式衣櫃讓空間更方便使用。因為是新蓋的房子，所以我們當初是直接設計在裝潢內，不過也可以使用IKEA的組合家具做成家庭衣櫃。

收納技巧
02

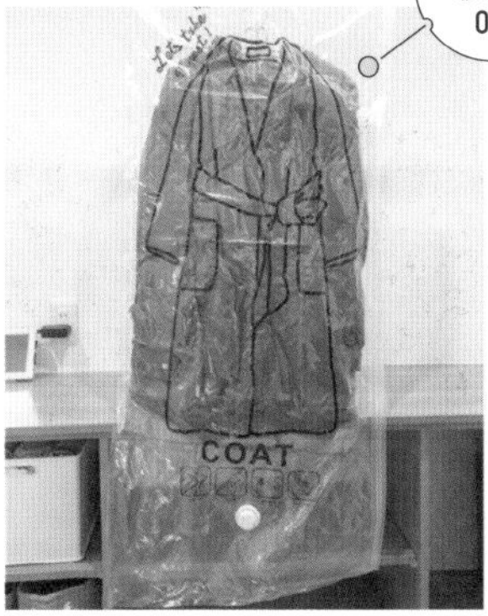

將外套或夾克等過季的衣服放入壓縮袋內減少空間。因為是用衣架掛著，所以整理起來也很方便。

全家人共同分享的收納空間 一目暸然的衣櫃

室井夫婦育有一個6個月大的女兒和一個2歲的兒子，是4人家庭。房子則是剛落成不久。

家裡如果有幼兒的話，隨著孩子的成長，衣服也會漸漸增加。考慮到這一點，所以準備了能將全家人的衣服都收納進去的家庭式衣櫃。在牆壁上則是設置了能夠隨時調整高度的桿子跟層架。配合使用無印良品的抽屜或是ＩＫＥＡ的布製收納盒，不僅能提升收納力，外觀上看上去也更清爽。

孩子衣服的收納，我們是依照長男的身高去決定衣架的位置。「孩子也會期待能夠挑選今天要穿的衣服。」室井太太說。

經常穿的衣服跟配件就利用掛鉤做「看得見的收納」，而非當季的衣服和內衣，則是放在壓縮袋或收納箱裡做「隱藏的收納」。我們盡量利用這種「看得見、隱藏」的收納方式，同時掌握物品的一定數量，盡可能地讓每天的準備變得更加輕鬆。

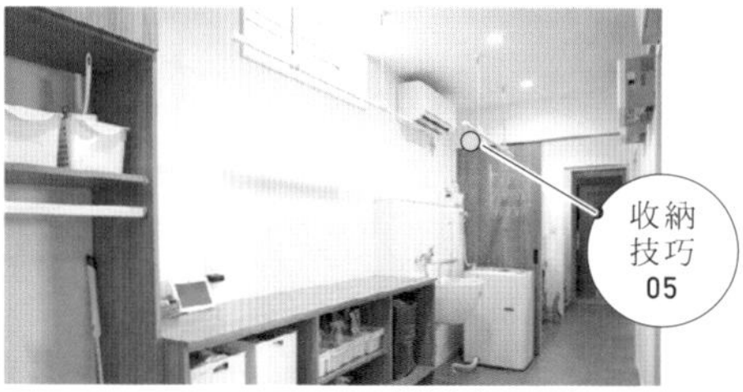

將洗衣相關的物品與打掃用具一齊收納。根據物品選擇適合的收納箱或收納籃，並規定固定的放置位置。

洗手台的牆上設置層櫃。將平常會用到的東西放在開放式層架上，方便拿取。

使用腳踏凳的話，即使是2歲的小孩也能自己洗臉。 把腳踏凳放在洗臉台附近，則是促進孩子自主性的小訣竅。

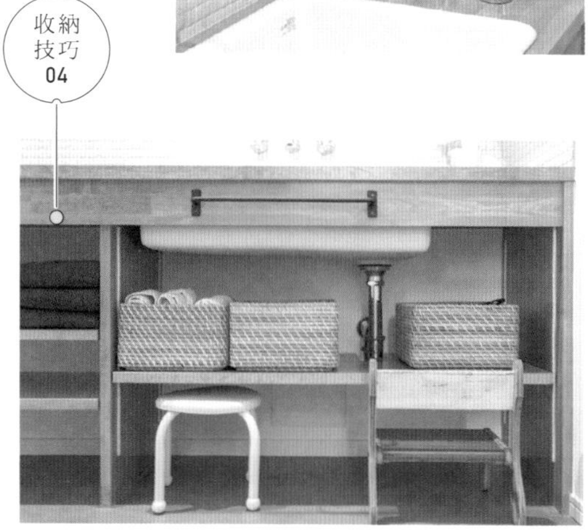

將毛巾等洗漱用品，依照種類分別收進放在洗手台下方櫃子的籃子裡。統一使用自然元素的物品可讓外觀更整潔。

利用訂製家具讓東西不要放在地上
打造方便活動的空間

室井夫婦是雙薪家庭。因為想要在晚上也能洗衣服，因此在洗衣空間設置了曬衣桿，如此一來在這裡也能進行衣物的管理。

牆面上設置大的台子，可以拿來熨燙衣物或摺衣服。然後，在寬廣的台子下方放置雙層櫃。在雙層櫃裡可放入洗衣精、熨燙工具或是洗衣網等相關用品。

「因為已經按照種類放到收納箱裡，所以也很容易拿取。多虧了這樣的收納方式，就不會在地上亂放東西，也讓洗衣服這件事能夠更順利地進行。」

再來，洗臉空間的部分，在牆壁上嵌入沒有門的開放式層櫃。在能輕鬆拿取物品的層架上放置孩子的刷牙用具。

「2歲的長男能使用腳踏凳，自己拿牙刷刷牙。將東西放在方便拿取的位置真的很重要呢！」室井有了切身的感受，那就是收納與孩子的發育是息息相關的。

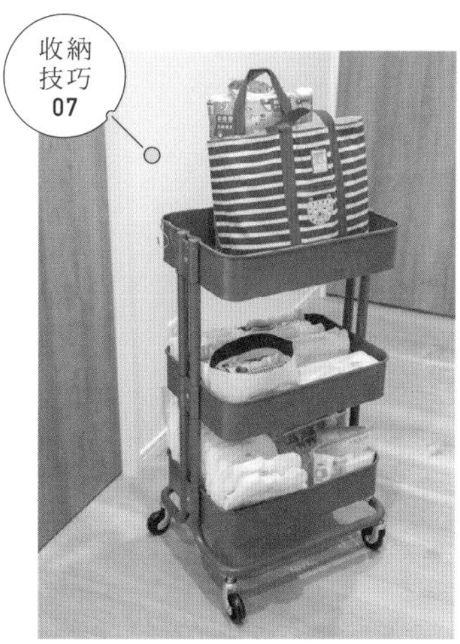

長男專用的出門準備推車。最大魅力就是能隨著孩子成長，替換裡頭的東西。因為是可移動式的推車，所以不論在什麼場所都能做出門準備。

孩子房裡的玩具收納，在孩子看得見內容物的高度，放入常玩、心愛的玩具。而較高位置則放入不太常用到的玩具。

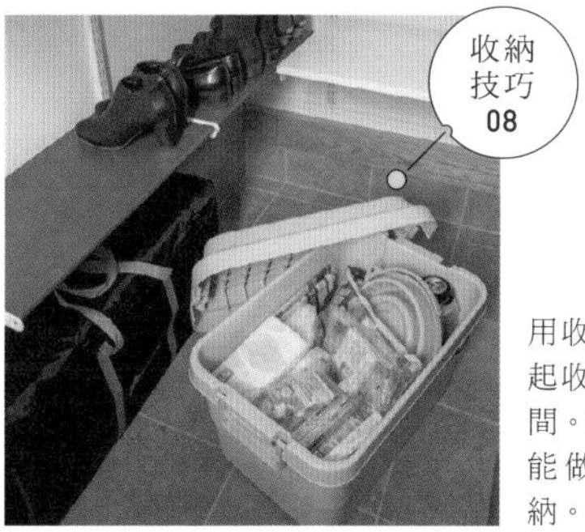

用收納箱將防災用品一起收納在玄關旁的衣帽間。在有限的空間裡也能做具有小巧思的收納。

考量孩子成長
維護家人和諧的收納方式

依照孩子身高去調整物品擺放高度的室井夫婦。關於孩子房裡的玩具收納，常玩的玩具會放置在孩子能伸手可得的位置，平時較少玩的玩具則會收納在高處。如此一來，孩子便能夠自己拿取想要的玩具。甚至還可以將玩具依種類分別收到收納箱內，孩子想玩的時候只要拿出一個收納箱就能玩。

「拿出來的玩具只要一個個丟進箱子裡就能整理好。就連孩子也能簡單做到。」

另外，我也推薦幫每個孩子各自準備一個推車來做收納。長男的內衣褲、換洗衣物以及幼稚園的包包，長女的尿布、泡奶用品、外出組合等，各自分成3層收納。因為推車能夠隨處移動，所以不管在哪裡都能夠進行出門準備。推車還可以依照孩子的成長去更換放在裡面的東西，是個能夠長期使用的收納工具。

專屬孩子的場所

SPACE 01

對孩子而言，收納玩具與繪本，
或是學校與才藝課用具的地方，可以說是一座城堡。
孩子一定也不希望這樣的地方是凌亂的。
所以沒辦法收拾好肯定是有原因的。
找出原因並改善，就是打造孩子專屬空間的重點。

處理孩子物品時的小提示

玩具

- ☐ 玩具從收納箱滿出來時
- ☐ 添購新玩具時
- ☐ 一整年裡連碰都沒碰過的玩具
- ☐ 生日或聖誕節前

交由孩子自己判斷也很重要！

學習的相關物品

- ☐ 年復一年增加的教科書
- ☐ 在升上下一個年級前整理講義類
- ☐ 處理已經過期的通知書
- ☐ 孩子的作品太多，超出規定的空間

建議用照片或電子檔形式保存

其他

- ☐ 將已經沒興趣的繪本收進櫃子
- ☐ 處理掉已經壞了的文具
- ☐ 貼紙和紙類分門別類收納
- ☐ 盡早處理掉沒有用的物品

可暫時保留半年左右再決定是否要留下

收納技巧的基礎 & 育兒小提示

技巧

1

選擇方便使用的收納用具

孩子無法靠自己力量打開，或是看不到內容物的收納用具全都汰換掉。如果買積木時附的收納箱不好用，最好換成別的收納箱。

提示 1

減輕收納的壓力，孩子就會更願意收拾。

技巧

2

讓物品成為室內設計的一部分

幫玩具、玩偶、拼好的積木作品規劃一個固定展示的位置。不擁擠擺放，保留留白的空間，讓外觀看起來整齊。

提示 2

讓孩子自己決定物品的擺放位置，進而培養自信心。

技巧

3

把會同時使用到的物品收納成一整套

將需要搭配書、周邊產品使用的遊戲、繪圖工具、事務用品，一起裝在箱型的收納盒或是托盤上統一收納。要用的時候能方便拿取，收拾上也不費力。

提示 3

讓孩子學會預想下一步，能夠培育先思而後行的能力。

技巧

4

利用標籤記號來劃分收納位置

決定收納位置，依照收納用具的顏色來區分種類；或是貼上標籤做記號，決定物品的固定位置。記得要按照孩子的年紀去做適當的變更。

提示 4

讓孩子透過遵守規則，學會規律性，同時也能獲得充實感。

煩惱 1

玩具隨著孩子的成長不斷增加，但總覺得還會再用所以捨不得丟

育兒提示

- 讓孩子從選擇的過程學習判斷力。

解答 1

透過需要、不需要的反覆訓練，學會捨棄沒興趣的東西

將選項縮小至2個，讓孩子從中選擇自己真正需要的東西。縮小選擇範圍，讓孩子能夠更容易進行判斷，並從中學會收拾。

參考對象 ▸ 小堀愛生

煩惱 2

想知道收納大量可愛玩偶的訣竅

用來收納玩偶剛剛好的大型收納用具。

解答 2

利用玩偶專用收納箱收納展示

只要將所有的玩偶全都放進一個大收納籃裡，外觀看起來就會非常可愛。旁邊搭配喜歡的推車，讓收納同時擁有展示的感覺。如果已經多到放不下，記得要和孩子一起討論，決定物品的去留。

參考對象 ▸ 小燕子之家宅邸（小孩6歲）

育兒提示

- 處理不要的物品時，不單單只是讓孩子放手，也能藉機讓他們體會到「讓給別人」，把物品送給他人的經驗。孩子能夠學習到，如何讓某人開心。

煩惱
3

明明已經收拾過玩具了，看起來還是很凌亂

根據物品的量跟收納空間大小做考量，分別使用同種的收納箱做整理。 小物專頁 P. 92

解答 3

使用同系列的箱子，依照種類區分

選擇大小剛好、深度適中且輕巧的收納箱，將同種類的東西一起收納，並標示記號。收納盒的顏色推薦選擇白色，或是能夠看到內容物的半透明色。

參考對象 ▸ 小堀愛生

育兒提示

- 關於標籤寫法，記得依照孩子的年齡去做文字標記。另外也可以嘗試讓他們自己製作，進而提高收納的意願。

煩惱
4

不同種類的玩具變多，沒辦法好好整理

解答 4

使用專用的盒子進行收藏，並限制可以擁有的數量

種類不同但類似的東西不知不覺漸漸變多，這個時候就必須讓孩子學會掌握物品的數量。替孩子準備好收納盒後，可以容納的數量自然就會被限制。透過這樣的方式，可以讓孩子審視哪些東西是不要的，不僅如此，孩子也能明確知道自己想要的東西是什麼。

參考對象 ▸ 小堀愛生

育兒提示

- 讓孩子產生玩具就是收藏品的感覺，進而提高愛惜物品和管理物品的能力。

利用可以收納收藏品的盒子或是用聚酯纖維加工成的底座進行收納。

煩惱
5

卡牌遊戲的盒子不見了，就算盒子還在，也常常因為搞得破破爛爛的很難把卡片收好

便利小物

要找塑膠卡盒的話，百元商店賣的名片盒很適合。如果有很多種卡牌遊戲，可以把全部的卡盒統一收在一個地方。

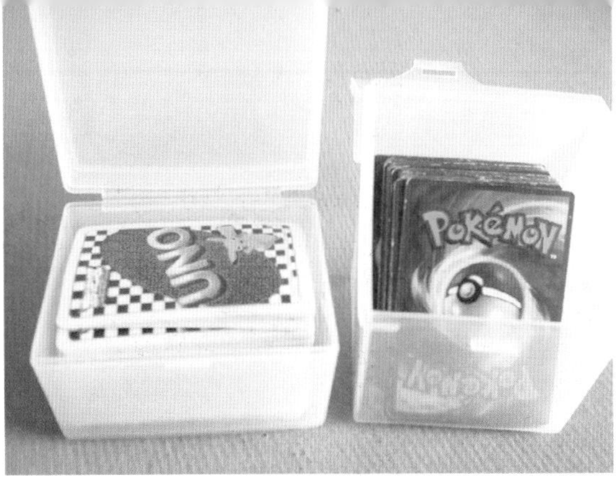

解答 5

收在看得到內容物的透明盒內，根據玩法改變收納方式

UNO、撲克牌這類會一次全部拿出來用的卡牌，和需要挑選所需卡牌的集換式卡片，我會用不同的盒子來收納。如果是一次會全部拿出來的卡牌，建議選擇可以平放收納的扁平盒；如果是需要挑選其中幾張的卡牌，則建議選擇能直立收納的直立型收納盒。

參考對象▸小堀愛生

煩惱
6

散亂的飾品類玩具，到處都有類似的東西

可以一眼看到內部的透明收納盒。

育兒提示

- 藉由管理物品，培養孩子的發想力和想像力。

解答 6

收納在透明盒內，讓孩子可以看到內容物

小巧的飾品類可以收納在抽屜式的透明盒。因為是按類型區分，能降低遺失的機率。

參考對象▸ハギヤマ（Hagiyama）宅邸（小孩6歲）

煩惱
7

打不開玩具箱的蓋子，無法靠自己整理或是拿出玩具。

解答
7

選擇方便使用的收納小物減輕收拾上的壓力

通常有附蓋子收納箱，以孩子的力量是很難打開。所以把它換成沒蓋子且穩固的箱子了。如此一來孩子就能自由拿取東西，也能確實地物歸原處。

參考對象 ▸ 小堀愛生

育兒提示

- 孩子在沒有家長幫忙的情況下，靠自己的力量達成目的，也能提升他們的積極度與自律。

附有硬蓋的箱子，以小孩的力量是很難打開的，這樣不要說是整理，就連玩的意願都會下降。

煩惱
8

孩子們因為討厭收拾積木的玩具，所以避而不做

解答
8

選擇抽屜式透明櫃，依種類、顏色進行分類

一個收納櫃對應一種顏色，或是將同色系的積木放入透明櫃內。這樣不僅能整理積木，外觀看起來也非常漂亮。當然整理起來也很輕鬆！

參考對象 ▸ TOMO宅邸（孩子6歲／雙胞胎）

育兒提示

- 打造可以挑選的環境，培養孩子的選擇能力。

根據數量或收納空間分門別類的積木。

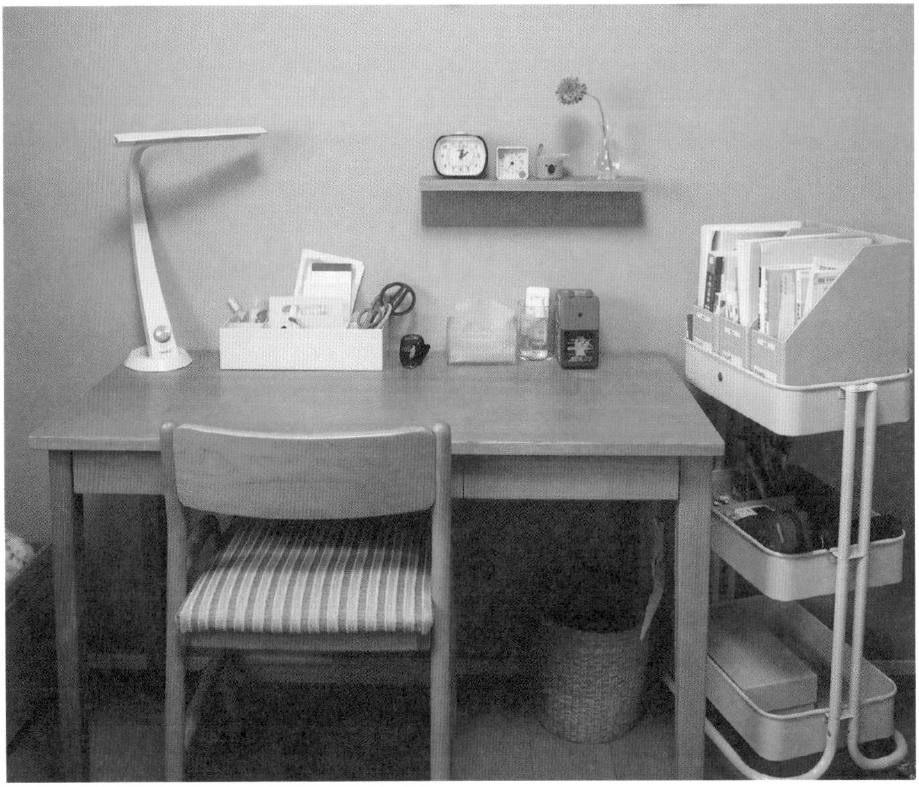

煩惱

9

沒有適當地運用書桌的收納功能

解答 9

按照用途和使用頻率，來決定各種類的擺放位置

原則上，學習用具要收在書桌；教科書、講義類要放在專用的收納盒，不要放在桌上。如此一來，孩子能一目瞭然地知道物品的擺放位置，不但可以輕鬆收納，也能擁有一個舒適的學習環境。

參考對象▸小燕子之家的宅邸（小孩6歲）

邊桌（推車）的使用範例

- 上層→每天都會用到的書本、筆記本依科目分別收在檔案夾內
- 中層→鉛筆盒、文具放在一起
- 下層→信紙（通知書）放在一起

不會再用到的教科書之處理範例

- 暫時保管在其他地方
- 將教科書掃描，以電子檔形式保存
- 教科書丟掉，但筆記可以暫時保留

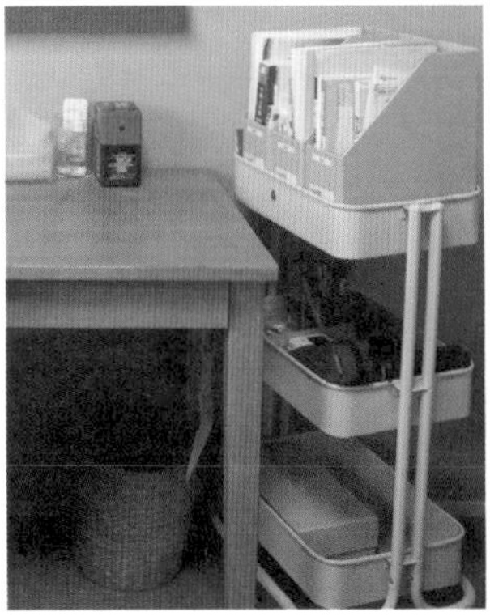

煩惱
10

學校用具和才藝課用具容易帶錯

解答
10

把才藝課專用的包包放在複習才藝的地方

上完才藝課回到家當然也要複習，學鋼琴的話放在鋼琴椅旁；補習的話放在書桌附近，將需要的東西放在複習那門課的地方。再來，為了不讓才藝用具跟學校用具搞混，才藝用具全部放在專用包裡以利保管。

參考對象▸小燕子之家的宅邸（孩子6歲）

煩惱
11

很多沒在看的書陳列在書架上，浪費收納空間

依照孩子興趣擺放，附有陳列架的多功能開放式書櫃。

解答
11

將沒在看的書放到壁櫥，陳列架收納可以展示封面

將要用的書籍以陳列的方式放在書架上；沒在看的書收到壁櫥內。繪本依季節調整擺放位置。在書架上陳列封面有季節感的書籍，享受時令。另外，將較重的書籍收納在書櫃下層。

參考對象▸小燕子之家的宅邸（小孩6歲）

育兒提示

- 直立式收納的書櫃，記得保留一隻手指的空間，如此一來，孩子更能自發性拿書，也方便收納。

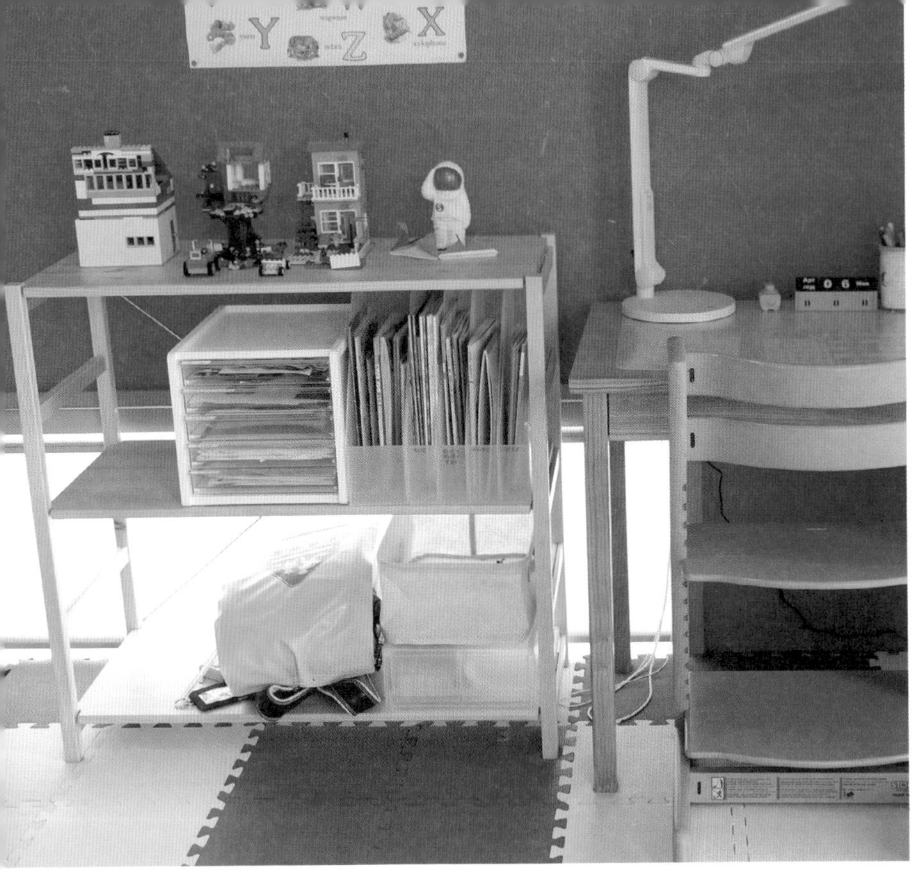

煩惱 12

學校用書和課外書都混在一起了

解答 12

根據用途放在不同的公文架，可以清楚地看到書背

將書按照用途、種類進行分類，收納在公文架裡，這樣一來，書背也清楚明瞭。公文架上標示類別，更能簡單整理收納。

參考對象 ▸ 川村宅邸（孩子11歲）

育兒提示

- 在直立式公文架上用標籤做記號的話，孩子更能記住收納的位置，進而提高他們的學習意願。

參考對象 ▸ 優子宅邸
（孩子7歲/10歲/12歲）

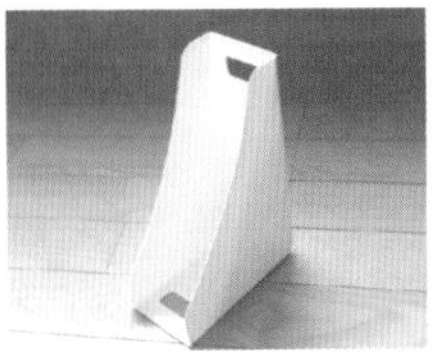

便利小物

推薦DAISO（大創）的公文架。讓沒辦法立著的東西更方便拿取。

煩惱 13

無法一次將想要一起使用的東西拿出來，很不方便

將與時鐘有關的繪本和玩具一起收在同個收納箱或托盤， 讓孩子能夠一次拿取。

育兒提示

- 透過思考用途和行動，能夠提高孩子的自主性。

解答 13

利用托盤或收納盒將相關的物品一同管理

將會一起使用到的東西用托盤或收納盒一同收納。不但能省下從各處拿出來的時間，整理也很快速。將相關的東西放在一起，也能讓孩子在抱持興趣時，培養探究心。

參考對象▸小堀愛生

便利小物

要進行組合式管理時，要根據物品的大小去挑選適合的收納用具。如果當中有物品的體積比較小，可以收納在更小的盒子裡。

煩惱 14

想畫畫的時候，色鉛筆很難拿

活用筆筒或是零食罐等沒有蓋子的筒狀工具作為收納用具。

解答 14

利用筆筒將所有的色鉛筆收在一起，方便拿取也容易挑選

將色鉛筆從附屬的盒子內全部拿出並放入筆筒中。因為不用開闔蓋子 能夠順利地拿取東西，不同種類的東西也能收在一起。

參考對象▸まゆこ（Mayuko）宅邸（孩子2歲跟5歲）

煩惱 15

收納用品變多後，房間變小了

收納櫃是從小孩到大人都適用的萬能收納道具。

解答／15 使用收納櫃，如此一來，孩子長大後也能繼續使用

我在餐桌旁放了一個收納櫃，讓孩子可以居家學習。收納櫃裡配合使用檔案夾與抽屜，創造出一個學習專用的架子。收納櫃放在桌子旁的話，隨時都能輕易取用學習用品。

參考對象▸永岡宅邸（小孩9歲）

孩子的成長與空間的關係

隨著孩子成長，房間裡的家具、設計也需要跟著升級。很多人在購買孩子用的家具時都會感到困擾，認為孩子長大後家具就必須要汰舊，因此想要買耐久性更高的家具。這個時候我非常推薦收納櫃。因為收納櫃的用途廣泛，就算孩子長大了不再使用，大人也可以拿來當壁櫥或是衣櫃的隔層使用。不僅不會影響房間美觀，能夠嘗試不同的搭配佈置，也是收納櫃的魅力之一。

煩惱
16

買了新東西之後發現家裡早就有類似的東西

解答
16

將不需要的東西集中在便利箱裡

想必大家都有「買完東西回家仔細找找後，發現早就有了」的經驗吧！為了不重蹈覆轍，準備一個「轉讓箱」將不用的東西暫時放在裡面保管。當孩子說「沒有！」的時候，先去確認箱子裡有沒有，如此一來應該就能減少重複購買東西的問題。此外，和孩子一起確認轉讓箱內有沒有需要的物品，讓他們知道「如果找不到要用的東西，轉讓箱裡可能會有」，讓孩子培養自我判斷與行動的能力。這個箱子不論是對媽媽還是孩子而言，都是一個「或許可以找到沒有的東西的場所」，成為一個方便的存在。

參考對象▶小堀愛生

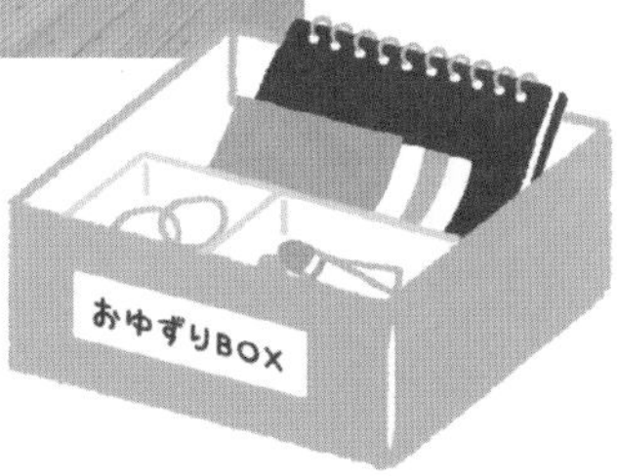

和家人共享的客廳

SPACE 02

放有許多日用品的客廳
是一個只要稍不留意就容易變亂的空間。
為了維持舒適的感覺，
如何收納小孩用品和家人共用的物品就變得非常重要了。
可依照每個物品的使用時機和場所去考量收納的位置。

整理孩子用品時的收納訣竅

玩具

- ☐ 規劃專門的擺放位置
- ☐ 把考慮的重點放在如何讓孩子輕鬆搬運上
- ☐ 準備可以把東西隨便塞進去的收納道具
- ☐ 規劃出一個能夠暫放物品的地方，擺放組裝到一半的玩具

規劃出一個方便拿取與收拾的動線

學習相關

- ☐ 規劃每個物品的收納位置
- ☐ 確保能夠專心學習的空間
- ☐ 根據學校、才藝課等用途分別進行收納
- ☐ 盡可能讓孩子可以輕鬆搬運

打造一個不凌亂的環境

收納技巧的基礎 & 育兒小提示

技巧 1 從小把這裡當作是學習區域

將父母視線所及的客廳茶几、飯桌當作學習用桌。如果在學習區域附近還規劃了學習用具的收納位置那就更方便了。孩子的東西不一定都要收在孩子的房間裡。

提示 1

藉由收拾，讓孩子學會如何切換讀書、玩耍、吃飯、放鬆模式。

技巧 2 只需將必要的東西以組合形式攜帶移動

每當孩子拿出學習用具或玩具，用完之後總是很難物歸原處。讓孩子將要用的東西用籃子或是盒子一齊攜帶，不僅很輕鬆，也能再次提高他們對組合收納的整理能力。

提示 2

透過了解每個物品的使用目的，讓孩子學會先思而後行。

技巧 3 讓孩子的東西融入家裡的室內擺設

人人都想要一個能夠好好放鬆的客廳。把孩子的玩具當作擺設、美勞作品當作藝術品，讓這些東西成為室內設計的一部分吧！如果是不想讓別人看到的東西，可以簡單地收在收納箱或是抽屜裡。

提示 3

培養「好美、好漂亮」→「心情會很好」的感覺，提高孩子對美的意識。

技巧 4 考量房間佈局，保障寬廣的空間

通常只要東西變多空間就會變狹小，但關於這點，只要在傢俱的挑選、房間的佈局下功夫就能夠解決。像是在空出來的地方設置收納櫃等，根據房屋結構去調整房間佈局即可。

提示 4

如此一來，不僅能提高孩子的整理意願，也能萌生想體貼家人的心。

煩惱 1

多數的玩具零件散落在各處

育兒提示

- 客廳是與媽媽同在的空間，要先訓練孩子們管理物品的能力。

解答 1

活用電視櫃下方抽屜進行收納，讓孩子能夠輕鬆玩耍

將形狀較扁平的玩具收在電視櫃的抽屜裡。只要在孩子玩耍的場所附近規劃一個收納位置，收拿玩具都會變得很方便。

參考對象▶小堀愛生

煩惱 2

電視遊戲相關的物品太多，很難收納在一起

解答 2

遊戲主機相關的東西用收納箱整理，遊戲軟體的部分只需保留遊戲光碟本身，並收納在專用的收納盒內

按照不同遊戲將遊戲主機與相關器材一起收在同個箱子裡，並將遊戲軟體從原本附有的光碟殼中取出，放入專用的收納盒內。而使用說明書則是要和遊戲主機分開收納。用不到的排線、零件，按照不同遊戲分類，統一放在抽屜或是櫃子深處管理。

參考對象▶大原宅邸（孩子11歲）

煩惱 3

明明有專門收納玩具的層架，卻還是看起來很凌亂

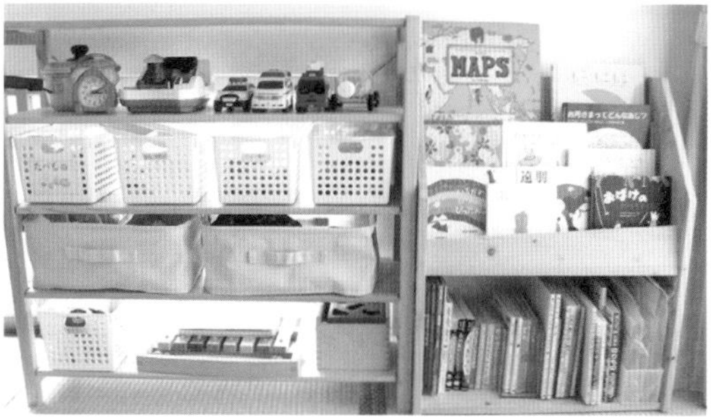

解答 3

將玩具放在符合孩子身高的層架位置上，以便他們輕鬆拿取

如果可以依照孩子的身高去規劃收納玩具的層架，他們也比較願意自動自發地去收拾。另外在層架選擇上，可以選擇簡約風，以便因應使用習慣的改變。收納玩具時，記得要在玩具與玩具之間保留一隻手能放進去的空間，如此一來就不會看起來太過凌亂。

參考對象▸文子小姐宅邸（小孩2歲跟5歲）

煩惱 4

玩具箱裡的東西被全部倒出來，越收越亂

解答 4

將玩具做一對一配對收納

選擇沒有收納蓋的盒子，並以一個收納盒只能裝一種玩具作為收納基準，孩子們只需把玩具丟進去就能完成收納工作。另外，如果是使用可移動式的收納箱，孩子們也能輕鬆搬運重物。

參考對象▸小平宅邸（小孩3歲跟6歲）

孩子的成長與收納

大部份的家庭都會直接給孩子一個較大的玩具箱去做整理，然而這個方式會讓他們搞不清楚裡面放了什麼，進而翻箱倒櫃地找東西，當找到要用的東西後，其他東西就直接放著不收。然而這樣的行為與孩子們的成長階段息息相關。因為這樣一來孩子們就沒辦法從很多個東西中做出選擇。因此一個箱子能放的數量越少越好。

煩惱
5

捨不得丟掉孩子在學校畫的圖，真的好困擾

解答 5

利用壁掛式衣架將畫掛在牆壁上做裝飾

把壁掛式衣架當作畫框，將孩子的畫夾在裡面當作室內設計的一部分。大部分衣架內側都會貼有不織布防護，如此一來也不會傷到畫。

參考對象 ▸ 小堀愛生

便利小物

推薦IKEA時髦的木製衣架（褲子用）。小物專頁 P. 92

育兒提示

- 看到自己做的東西被裝飾起來，會增進孩子的成就感，進而提高之後的創作意願。

煩惱
6

玩具侵佔了客廳和飯廳

育兒提示

- 只要讓孩子意識這個空間是全家人共用的，對他們在培養團體行動等社會性行為時有很大幫助。

解答 6

索性直接在飯廳設置玩具收納空間

在飯廳直接規劃一個孩子玩具的收納空間。如此一來，在煮菜時孩子也能在一旁玩耍，因為有了安全感，他們也漸漸開始自動自發地整理收拾。

參考對象 ▸ まゆこ（Mayuko）宅邸（小孩2歲跟5歲）

煩惱
7

大人珍藏的藝術品、擺設被弄亂

解答
7

打造一個孩子看了會想效仿，媽媽心愛的專屬空間

在房間的一角打造一個自己（媽媽）心愛的專屬空間。只要大人先創造出一個漂亮的環境，孩子也會想要跟著效法，把環境裝飾得更漂亮。

參考對象 ▸ 小堀愛生

育兒提示

- 和孩子一起更換房間佈置的話，能夠讓孩子意識到自己是家庭的一份子。

煩惱
8

裝著回憶照的相框越來越多

便利小物

推薦比一般相框尺寸再小一點的票卡夾。因為不太佔空間，所以能夠陳設在更多的地方。

小物專頁 P. 92

解答
8

把卡片夾當作相框使用

將帶有回憶的照片放入比相框還小的卡片夾內裝飾。因為尺寸小巧，所以可以陳列出大量的照片。

參考對象 ▸ 小堀愛生

煩惱
9

不斷增加的講義和文件全都攤在桌上

同時使用檔案盒和文件分類夾來整理資料。

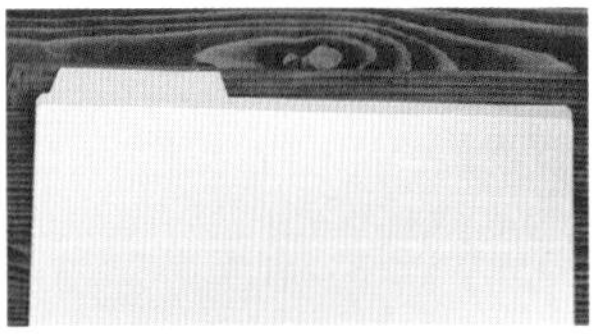

文件分類夾可根據不同的才藝或活動來貼標籤做記號。

解答／9

活用附有文件分類夾的檔案盒

藉由檔案盒跟文件分類夾的組合，分成媽媽用、小孩用等目的，給每個人一人一個專用的檔案夾來收納自己的文件。因為全家人都按照同一套規則整理，因此孩子也能自然地養成習慣。

參考對象 ▸ 小堀愛生

煩惱
10

收納位置不固定孩子遲遲無法開始學習

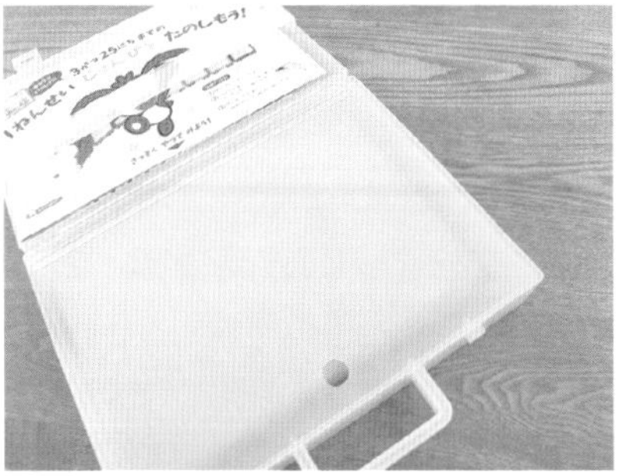

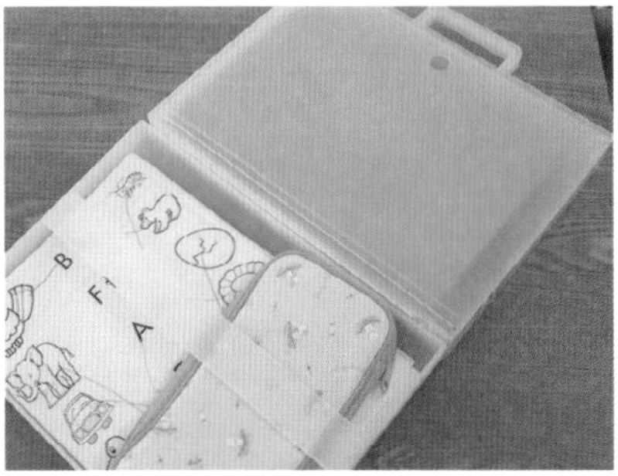

解答／10

手提式資料盒能夠讓孩子自由攜帶、搬運東西

將學習用的道具一同收在手提式資料盒，這樣一來，當要移動至客廳學習時，不但能方便提過去，也能輕鬆地收拾。除了像左圖的學習專用套組外，講義和文具也能用此方式一齊收納。

參考對象 ▸ ハギヤマ（Hagiyama）宅邸（孩子6歲）

便利小物

挑選文件盒時記得買附有提把的喔！

煩惱
11

明明有文具收納盒卻無法好好整理

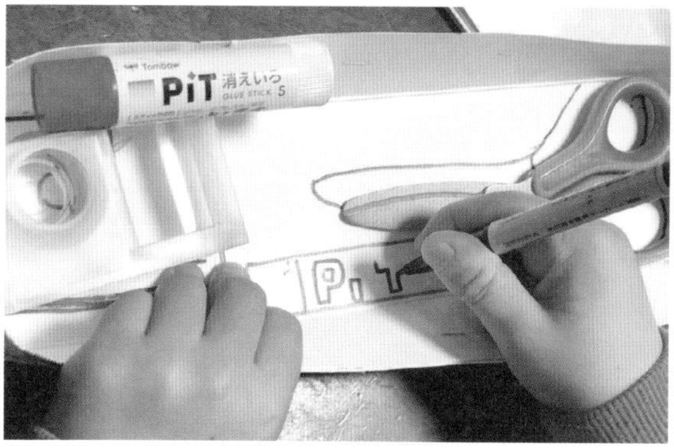

把牛奶盒對半切，並畫上物品的形狀，用釘書機固定後，作成收納盤。

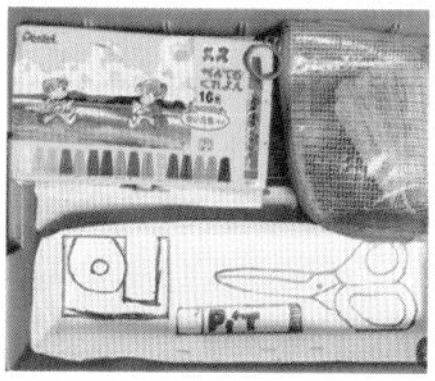

育兒提示

- 找到孩子無法好好收拾的原因，並想辦法製造「契機」給孩子，讓他們從中慢慢吸取經驗。

解答 11

決定物品的固定位置，同時製作提示引導孩子

在收納盒內畫出提示引導孩子使用。像是將牛奶盒對半切後，在其底部畫出物品的形狀，就能讓孩子記住物品的收納位置。

參考對象 ▸ 小堀愛生

煩惱
12

將文具拿到客廳之後忘記歸位，不知不覺多了很多文具

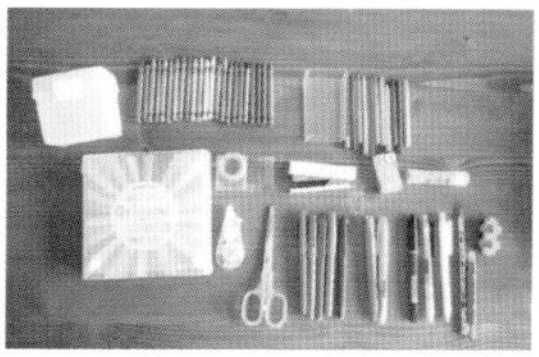

育兒提示

- 只要讓孩子學會管理小範圍的空間，那麼即使當範圍變大、物品變多時，他們也能用同樣的方式去整理。

解答 12

方便搬動的手提式分隔工具箱

將材料、用具放在有隔層的工具箱內。全部集中收納的話，方便孩子從中拿出想要的東西，用完之後也能輕鬆地物歸原處。

參考對象 ▸ 小堀愛生

煩惱
13

只是放進置物箱，置物箱變成收納的三不管地帶

解答 13

一個箱子放一種物品，用較大的標籤貼做記號以便清楚管理

使用置物箱收納時，用較大的標籤貼，以一箱一類的原則去歸納。特別是在客廳使用的物品，用此方法讓大家記得東西的位置，成為家庭中的規則。

參考對象▸小堀愛生

育兒提示

- 東西放在固定的位置，所有動作一氣呵成。

煩惱
14

學校相關的東西不斷增加，壓縮到收納空間

同時使用檔案盒和文件分類夾來整理資料。→P.36

育兒提示

- 透過給孩子一個「屬於自己」的空間環境，讓他們學習自己解決事情的能力。

解答 14

活用房間的死角，將每個人的東西放在置物櫃裡

有效利用樓梯下的死角空間，將孩子學校用品收在這裡。給孩子一人一個能夠隨意調整的置物櫃或收納櫃。因為所有的東西都收在這裡了，所以孩子也不用再浪費時間找東西了。

參考對象▸小堀愛生

煩惱

15

儘管在孩子房間放了書桌，作業還是四散在客廳

解答 15

在客廳附近設置書桌或是學習空間

在客廳附近放置書桌。另外也在桌子下面放置可移動式的收納箱，將它當作學習空間使用。只要規定孩子必須把學校用的物品放在這個箱子裡，學習用具就不會再被到處亂放了。

參考對象 ▸ ウラタ（Urata）宅邸（小孩4歲和8歲）

育兒提示

- 從孩子經常待的空間來考量並規劃他們房間的佈局，會讓孩子們容易從小事產生成就感。

煩惱

16

客廳的茶几被學習用具給侵佔了

解答 16

使用組合式收納櫃作為臨時小桌

用正方形的單層收納櫃代替桌子。單層收納櫃不僅能夠當成桌子使用，也能用來劃分房間格局，或是作為收納櫃使用，用途廣泛非常方便。

參考對象 ▸ 小堀愛生

因為體積小巧，所以方便搬運。

便利小物

單層收納櫃能夠用來組合收納或是劃分房間格局。雖和照片裡的不同，但鑾推薦[1]カインズ（CAINZ）裡的「單層箱」。

小物專頁 P. 92

[1] カインズ（CAINZ）為日本國內知名的傢俱量販店

煩惱 17

摺紙作品不斷增加，想丟也捨不得丟掉

解答 17

利用檔案夾式的相簿來收集心愛的作品

我會使用小型的檔案夾式相簿來收納摺紙作品。把作品放入相簿的過程，就像是把東西收藏起來，如此一來，孩子跟我都能感到充實。另外，孩子也能學會選擇要收藏的作品，沒入選的作品可以送給周遭的朋友。

參考對象 ▸ 小瀧宅邸（小孩5歲跟10歲）

便利小物

無印良品的PP高透明相本最適合拿來做小巧型收納。1頁2格的設計能夠放入兩張4×6的照片，非常推薦。

小物專頁 P. 92

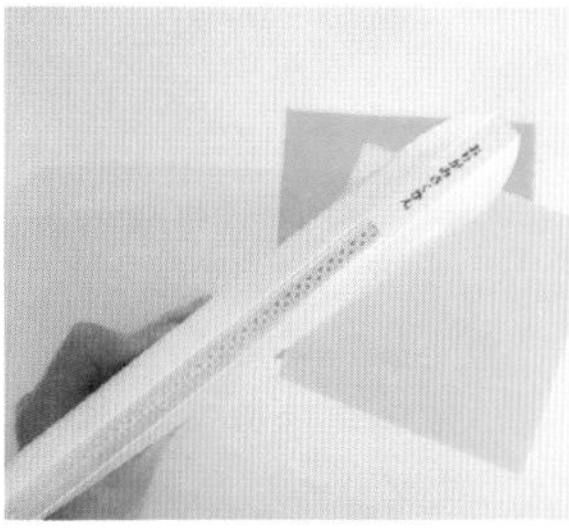

煩惱 18

孩子沒辦法自己拿衛生用品，總是大喊「媽媽，東西放在哪？」

便利小物

推薦百元商店賣的推疊收納箱（小尺寸的有隔層／沒隔層兩種，大尺寸的是淺型）。另外[2]サナダ（SANADA）精工出的「POST CARD CASE」商品的尺寸剛剛好。

[2] サナダ（SANADA）精工：日本一間專門做塑膠家用品的公司。

解答 18

用分格的透明收納盒按照種類井井有條地收納

把同種類的衛生用品東西放在同一個小透明盒，再把盒子放進另一個比較大的淺型透明收納盒。依照種類收納的話，孩子就能馬上找到想要的東西，也能讓孩子主動使用衛生用品。

參考對象 ▸ 菊池宅邸（小孩6歲、10歲、12歲）

煩惱
19

老是找不到遙控器，好煩躁

解答／19

只要和裝飾品擺在同個位置，家人之間也會產生秩序

將遙控器放在固定層架、固定位置整齊擺放。透過和擺設品放在同個地方，提升對美的意識的影響，多數的遙控器都被整齊擺放。

參考對象▸月井宅邸（小孩4歲、8歲、10歲）

育兒提示

- 孩子只要理解規則，就會徹底遵守。而這也與集中力和持續力的養成息息相關。

煩惱
20

把各式各樣的東西拿到這裡，最後卻很難物歸原處

便利小物

選擇看得到內容物、能輕鬆搬運的收納物品，而這些東西百元商店裡都有賣。利用布製的袋子和收納籃的組合，來整理袋子裡的內容物吧。

解答／20

利用搬運用的提袋，將整組物品拿出＆收拾

物品從不同的收納場所拿到一個地方時，可以使用家庭搬運專用袋，如此一來在收拾的時候也很順利。

參考對象▸文子小姐宅邸（小孩2歲跟5歲）

更衣的時間

SPACE 03

在整理尺寸、時節不合的衣服之前，首先要先檢視是否需要這些衣服。接著再根據「衣服的種類是否能一目了然」、「需要的衣服是否能輕鬆拿取」等原則去整理收納。

童衣收納的訣竅

符合孩子身型的收納

- □ 規劃符合孩子身高的收納位置
- □ 選擇以孩子的力氣能打開的抽屜
- □ 用孩子容易理解的插圖或注音符號來標籤記號

使用孩子專屬的收納用具

想辦法讓種類清楚明瞭

- □ 設置個人空間
- □ 依種類分別收納
- □ 不堆疊收納
- □ 朝固定方向收納

有效利用直立式衣架與衣架

規劃更衣場所

- □ 學會在固定地方更衣
- □ 大人視線範圍可及之處
- □ 方便收納洗好的衣服
- □ 家人共有的區域

根據年齡進行變更

收納技巧的基礎 & 育兒小提示

技巧 1 選擇符合孩子身型的收納用具

「不墊著台子就拿不到東西、不用盡全力就拉不開抽屜」這樣的環境會降低孩子對收拾的意願。使用堆疊式收納箱與可調整高度的衣架櫃會更方便。

提示 1

從不借助大人力量拿取東西這件事中，讓孩子學習積極完成任務。

技巧 2 規劃符合孩子年紀的收納場所

年幼的孩子如果有可以跟家人一起更衣的地方會更讓人安心。等孩子再長大一點，就可幫他們準備專用的收納工具管理衣物，家裡有兄弟姊妹則要個別管理，以防搞混。

提示 2

孩子透過對物品的愛惜，能漸漸提高管理意識，培養責任心。

技巧 3 根據衣服的版型在收納上下功夫

內衣、上衣、褲子、裙子、外套等形狀不同的衣服要收在同處是有難度的。活用掛鉤和止滑衣架等工具，找尋一個能夠看得清楚、方便選衣、方便拿取的收納方法。

提示 3

透過將衣物依種類分門別類收納，能讓孩子培養穿搭的能力。

技巧 4 將收納方法分為暫時保留、長期保管

常用的外套、包包、帽子等物品收在既能快速準備出門又能方便整理的地方。另外，過季衣物收到衣櫃上層，以免太過混亂。將學校用和才藝課用的衣物分別收納也很有用。

提示 4

讓孩子學習將行動目的與衣服做連結，可提高思考力和規劃力。

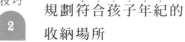

煩惱 1

寒冷時穿夏衣，炎熱時穿冬衣，孩子如果被否定穿著又會心情不好

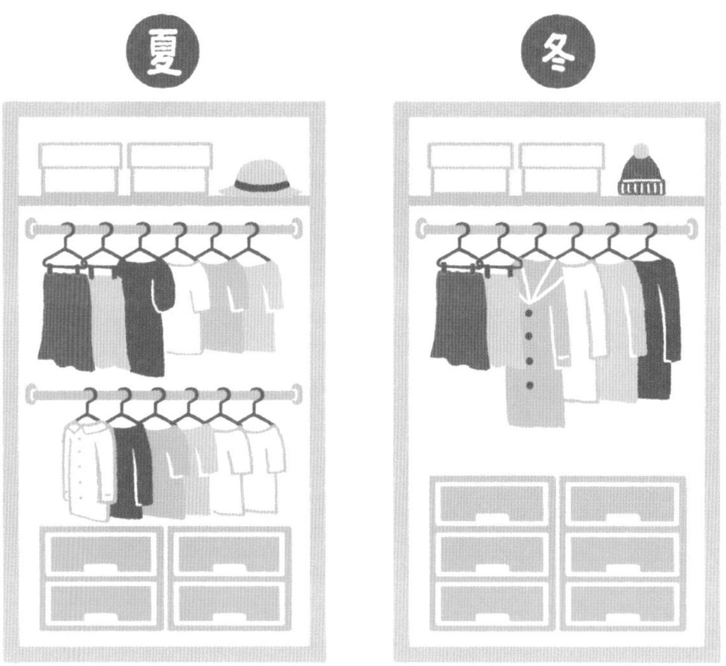

育兒提示

● 如果否定孩子的選擇，會讓他們失去動力。相反地，只要打造出不論他們選哪個都不會出錯的環境，就能提高動力。

解答 1

將衣物控制在一定的數量下，打造能讓孩子選擇的環境

依季節或類別去嚴選衣物數量並收納。最重要的是要以孩子能方便拿取的數量為原則進行考量。為了讓年幼的孩子可以選出ＯＫ的衣服，將非當季的衣服另外保管在他處。

參考對象 ▸ 小堀愛生

每天穿的衣服和舊衣的選擇方法

種類	收納的分類方法 範例			
人（家人別）	**爸爸**	**媽媽**	**小○○（女生）**	**小○○（男生）**
季節	春	夏	秋	冬
衣物	內衣	T恤	褲子	襯衫

大家是否都有衣服不知不覺變多的經驗呢？把增加的衣服，根據家族成員，分別依照季節、種類、尺寸等去做分類選擇。若有年長的孩子已經穿不下，但下面孩子還穿不了的舊衣時，可準備個「舊衣轉讓專用箱」收納衣服，並拿到其他地方保管。

煩惱 2

包包變多，掛勾卻不夠用

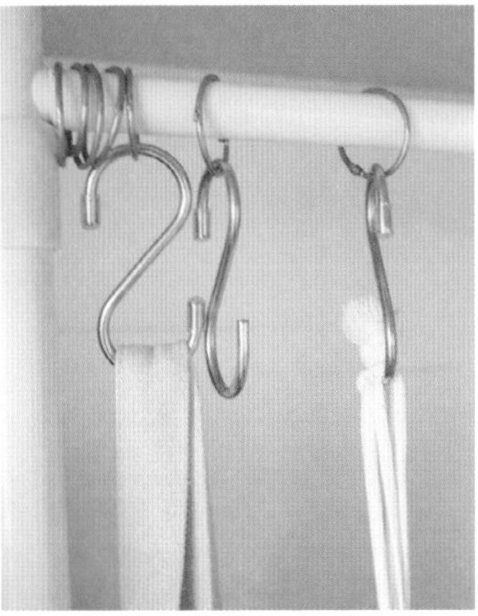

選擇兩端有樹脂止滑的S型掛勾， 並掛在衣桿上的掛環上， 讓衣桿較為牢固。

解答 2 將S型掛勾掛在衣桿上，增加收納空間

將S型掛勾掛在吊衣桿上口徑較大的掛環上，能夠讓衣桿更為牢固，包包也能掛著收納。

參考對象 ▸ 小堀愛生

育兒提示

- 對年幼的小孩來説，掛東西的這個動作是一件很有趣的事。趁他們還有興趣的時候，養成隨手掛的習慣。

煩惱 3

抽屜裡塞滿衣服，拿不出想要的衣服

解答 3 使用符合衣服類別的衣架，掛在衣櫃裡收納

衣服根據種類與使用頻率，適合的衣架形狀也不一樣。短褲用吊褲架、長褲用一般衣架收納。這樣一來比放在抽屜更一目瞭然，容易挑選。

參考對象 ▸ 小堀愛生

育兒提示

- 孩子因為沒有選擇上的壓力，變得更快樂，這樣一來也能持續提高自主性。

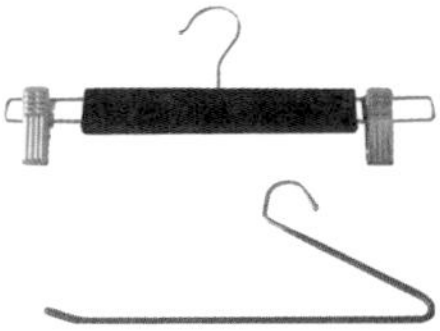

便利小物

短褲用吊褲架、長褲用一般衣架（圖為宜得利的商品）。

小物專頁 P. 92

煩惱
4

打開抽屜後卻發現裡面亂七八糟

解答 4

利用收納盒作為隔層，將衣服直立收納

利用收納盒將抽屜分格，衣服則是直立收納。這樣的話，一眼就能知道裡面放了什麼。讓孩子們比賽誰能收得最乾淨，藉此提高對於維持抽屜整潔的高度意識。

參考對象 ▸ 松下宅邸
（小孩6歲、10歲、12歲）

除了收納盒，書檔也可以拿來當作分隔用具。

煩惱
5

為了拿出塞在最底層的衣服，整個收納空間變得亂七八糟

便利小物

要把東西收進壁櫥、枕頭櫃或衣櫃的上層空間時，推薦使用[1]イノマタ化學推出的「多媒體ＤＶＤ收納盒」。

小物專頁 P. 92

[1] イノマタ化學：位於大阪堺市的一間塑膠公司。

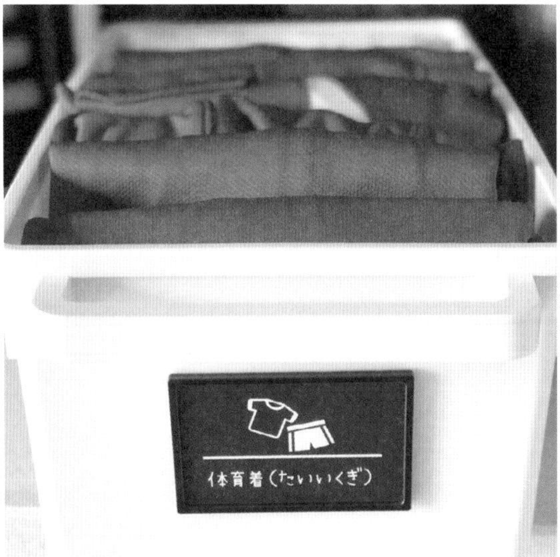

解答 5

使用收納箱將衣物分門別類，並直立收納

將衣物依照種類個別直立地收在收納箱內。只要使用較薄的書檔夾在衣物中間，空間就不容易亂掉，也能順暢地拿取衣服。

參考對象 ▸ 小堀愛生

煩惱 6

衣物的種類太多，抽屜的數量不夠

解答 6

根據種類分別收納在淺型的收納箱，並在箱子上標籤記號

讓年紀較小的孩子用小而淺的收納箱管理收納自己的衣服。標籤的部分，隨著孩子的成長，可以從圖片轉換為文字。

參考對象▸小堀愛生

雖然和照片不同，但[2]日本天馬 (TENMA) 推出的「抽屜式收納箱」，可以組合堆疊使用，非常方便。

育兒提示

- 孩子對圖畫或文字有興趣的時候，在生活中加入相關的元素，能讓他們快速成長。
- 當孩子開始對英文產生興趣時，推薦以英文＋插圖的方式進行標示。

[2] 日本天馬 (TENMA)：日本的公司，主要以工業用產品及居家日用品為主。

解答 7

使用符合孩子身高的透明收納櫃，能清楚看見內容物

選用符合孩子身高的收納箱，並將衣物依照種類分別收納，接著在箱子上貼上標籤。因為看得到內容物，所以在找所需物品時也能快速找到。

參考對象▸小堀愛生

煩惱 7

找衣服的時候，把所有的衣服都拿出來

育兒提示

- 讓孩子能夠在一個地方完成所有的出門準備，更能讓他們獲得成就感。
- 推薦和孩子一同製作確認清單。從條列的過程中，讓孩子更加愛惜物品，同時也會盡力去完成清單上的事項。

對孩子而言大小剛好的迷你衣櫃。

煩惱 8 東西太多，導致無法好好做出門準備

解答 8 調整伸縮收納架的高度，衣物用掛的

首先，同時使用能夠掛著收納的伸縮收納架跟吊衣桿。由於伸縮收納架可依照孩子的身高自由調整，因此將吊衣桿調整至孩子伸手可及的高度。

參考對象▶小萍宅邸（小孩3歲跟6歲）

煩惱 9 壁櫥裡無法收納襯衫類衣物，挑選衣服的時候有選擇障礙

解答 9 在壁櫥下層設置壁櫥用吊衣架

在壁櫥的下層使用壁櫥用吊衣架，因為是自立式的，所以能隨著孩子的成長進行調整，也可以多功能使用，非常方便。

參考對象▶小堀愛生

便利小物

宜得利的「壁櫥用吊衣架」可以調整高度，非常推薦。小物專頁 P. 92

煩惱
10

兄弟姊妹的衣服散落各處，只要一個人亂放，就會出現連鎖效應

解答 10

規劃每個孩子的個別空間，身型長大之後採用吊掛式收納法

孩子還小的時候，把東西放在較低的位置做收納。可以依照適合每個孩子的收納方式去調整收納箱的數量和高度，並且給予他們每個人一個專屬的空間。

參考對象▸小堀愛生

育兒提示

- 透過打造出一個讓孩子能夠選擇的環境，讓他們學習自主思考、發揮想像力。

煩惱
11

只要沒跟在旁邊，就不會一個人更衣和收拾

解答 11

依照孩子的個性，和他們一起決定收納方法

大人和小孩對於「好整理」認知是有出入的，因此應該一邊聽取孩子的想法，一邊決定收納方式。孩子們剛開始收拾的時候，通常會很不耐煩，但經過不斷地反覆試錯，將會漸漸地產生自信。

參考對象▸ハギヤマ（Hagiyama）宅邸（小孩6歲）

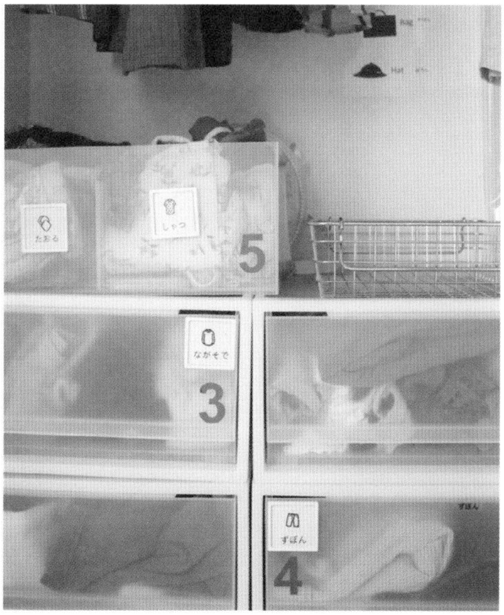

分別用數字編號標籤，孩子透過編號能更有感覺地認識種類。

育兒提示

- 孩子只要感到安心，就會更願意去挑戰所有事物。

煩惱 12

把洗好的衣服放回原本的位置 好像要了他的命一樣

為了讓孩子看到洗好的衣服有哪些類型，將它們掛在收納籃上。

育兒提示

- 只需整理自己的衣物是個比較容易完成的任務，因此孩子的心情也會變得較輕鬆。
- 推薦加入一點遊戲元素，讓收納變成一個競賽遊戲。

解答 12

給每個人一個專屬的洗衣籃，讓孩子對自己的東西負責

全家人都擁有一個專屬的洗衣籃，洗好的衣服直接放入每個人的籃子裡，讓孩子自己拿到該放的位置。養成管理自己物品的習慣，提高責任感。

參考對象▸小堀愛生

煩惱 13

明明沒時間了，卻遲遲不更衣

解答 13

把衣服放在洗臉台附近，打造一個早晨出門的準備空間

在洗臉台附近設置衣物收納的空間，讓孩子早上能在同一個地方完成所有的出門準備。如此一來，整個準備流程不會被打斷，能夠更順利地完成更衣任務。

參考對象▸まゆこ（Mayuko）宅邸
（小孩2歲跟5歲）

煩惱
14

自行挑選衣服固然很棒，但穿搭卻怪怪的

使用拍立得的話，能夠馬上看到照片，非常方便。

解答 14

拍下幾套穿搭並將照片拿來裝飾，讓孩子參考基礎穿搭來自由變化

和孩子一起思考基礎穿搭，並將其拍成照片貼在牆壁上。藉由這個模式，讓孩子學習挑選衣服的基礎。

參考對象▸小燕子之家的宅邸（小孩6歲）

育兒提示

- 透過拍攝穿搭照，培育孩子挑選衣服的想像力。
- 挑選衣服像是在玩扮家家酒，穿搭變得快樂。

自行挑選衣服或穿搭方法

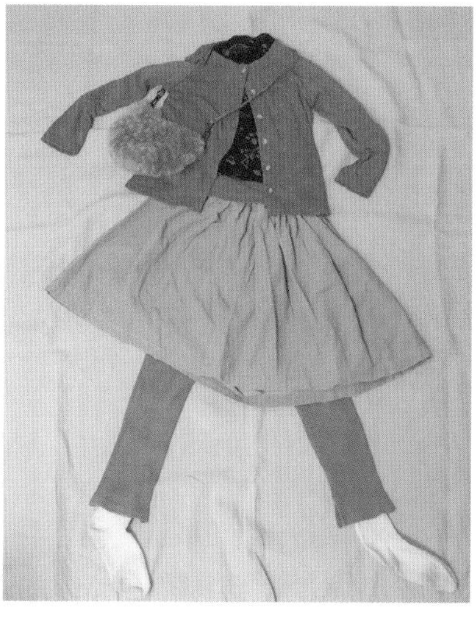

挑選衣服時，根據不同種類去做收納吧！將衣櫃裡非當季的衣物拿出，只放當季衣物，這樣一來，也能統一穿搭。另外，設定讓孩子思考穿搭的時間，在地上鋪上白色的布，在上面分別擺上上衣、下半身衣物、襪子、配件等，再用拍立得拍攝。將照片貼在櫥櫃旁邊，作為日後穿搭的參考。

享受料理

SPACE 04

充滿家人笑容的每日餐桌，可以從廚房開始做起。
廚房如果不再只是媽媽的領域，同時也能成為孩子的空間的話……
除了讓孩子能夠方便拿取物品的收納，
如果想要營造出充滿笑容的餐桌，
就先分配好孩子的職責，並好好重視餐前餐後的時光吧！

孩子能做到的職責要點

餐具、料理器具的拿取

- □ 選擇孩子也能方便拿取的餐櫃
- □ 餐具種類隨時一目了然
- □ 規劃學校或幼稚園所需餐具的專門收納空間

能夠自己移動物品

食品的整理

- □ 將冰箱內的食品分區，最好能一目瞭然
- □ 集中收納零食，放在能輕易看見的地方
- □ 想辦法讓配膳更簡單作業

能夠完成餐桌準備

享受料理

- □ 準備孩子專用的廚房用具
- □ 想辦法讓洗東西變得簡單
- □ 想辦法讓孩子做到垃圾分類

能夠管理廚房

收納技巧的基礎 & 育兒小提示

技巧 1 選擇方便取用的收納工具

如果怕東西破掉、壞掉，那麼孩子就無法成長。餐盤可以直立收納，更方便取用。另外也可以在收納用具上下功夫，像是使用附提把的收納盒，能更容易拿取。

提示 1

如果能順利取用，孩子就不會害怕失敗，並且更願意去嘗試。

技巧 2 瑣碎的物品以組合形式統一整理

像是便當相關的用具或是輔助用具這類的東西，可以將多個物品收成一組，統一放入一個盒子裡集中收納。決定物品的配置和標籤記號也是重點之一。

提示 2

只要孩子開始掌握了物品的位置，就能主動地去整理收拾。

技巧 3 不用解釋也能讓孩子理解的指引

一個口令一個動作可能會讓孩子產生壓力。像是在配膳的時候，可以舖上餐墊，讓他們能夠明確知道餐具的位置；也可以透過標記，讓孩子知道如何進行垃圾分類，透過這樣的方法來引導孩子行動。

提示 3

只要讓目的明確化，孩子就能透過完成任務而感受到充實。

技巧 4 準備孩子專屬的用具

孩子如果有自己的圍裙、自己的料理道具等專屬用具的話，對於自己的職責就會更有自覺。同時也能萌生孩子對於事情講究的態度。最重要的是，跟媽媽一起相處的時間也能增加。

提示 4

會產生被家人需要的感覺，進而加強責任心。

煩惱 1

沒辦法自己從餐櫃裡面拿東西出來

解答 1

只要有把手的話，就能輕鬆拿取

將全家人的湯碗與飯碗整套裝進一個小籃子，再放進餐櫃收納。乍看之下好像會覺得多一道手續很麻煩，但比起要孩子用小手把沉重的餐具從餐櫃裡拿出來，再搬到餐桌上，用籃子來搬動會更簡單。

參考對象 ▸ 小堀愛生

育兒提示

- 讓孩子從完成餐前準備中培養責任心，同時內心也能感到充實。

貼上標籤更方便辨識。

煩惱
2

無法順利拿取沉重的餐具，很危險

解答／2

根據餐具大小區分，並直立收納

如果不同種類的沉重餐具堆疊收納的話，底層的餐具會很不好拿出。因此可以根據種類劃分並直立收納，這樣也會比較好拿。如果要堆疊的話，可以設定一定數量，例如最多只能疊 3 個。

參考對象 ▸ 小堀愛生

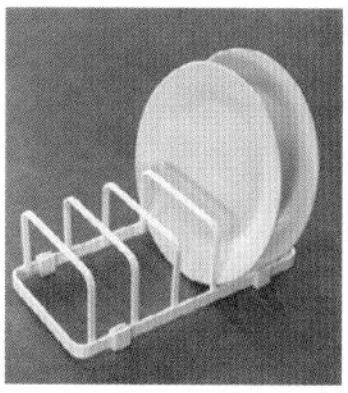

便利小物

能將餐盤立著收納的「宜得利　餐盤收納架 FLAT」很方便。

小物專頁 P. 92

煩惱
3

總是看心情幫忙，不是不幫忙，就是半途而廢

解答／3

集中收納在孩子的專用籃，打造方便收拿的環境

如果料理用具散落在不同場所的話，孩子還得先一一找出來才能使用，因此容易不耐煩。將道具集中放在同一個箱子內的話，不僅能省下找東西的時間，也能讓孩子更積極地來幫忙。

參考對象 ▸ まゆこ (Mayuko) 宅邸（小孩 2 歲和 5 歲）

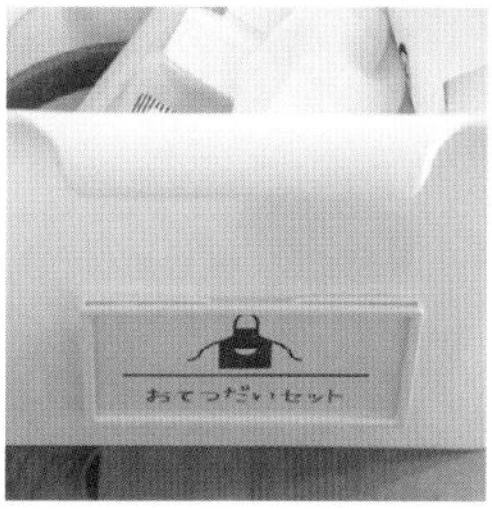

在標籤記號中加入插畫，會更清楚明瞭。

育兒提示

- 擁有自己專用的東西，會產生責任感。

煩惱
4

便當盒直接放在水槽裡，根本沒打算要洗

將容易分開放的便當用具集中放置。

解答
4

設置孩子的專用箱，洗碗收拾一步到位

俗話說：「遠足到回家之前都還是遠足。」同理，教導孩子「便當到洗好前都還是便當」的概念，讓他們重視製作便當的人的辛勞以及對物品的感謝非常重要。使用便當盒專用箱的話，不僅收拾更簡單，也能縮短收拾的動線，創造出「固定的場所」。

參考對象▸小堀愛生

煩惱
5

各式餐具混在一起，拿的時候種類也亂七八糟

關鍵是不要塞太滿。餐具擺放方向也要統一。

解答
5

用隔板留出多餘空間，並依種類收納在不同分格內。

如果把超過家中人數的餐具全都收在一個餐具盒裡的話，找的時候會很不方便。同時也會因為太麻煩，導致懶得把餐具歸位，出現用完不收的情況。因此將餐具縮減到所需的數量，利用隔板收納，東西更能一目瞭然。

參考對象▸TOMO宅邸（小孩6歲／雙胞胎）

配合孩子身高調整水槽的高度，會更方便做事。

煩惱
6

洗東西太花時間，嫌麻煩而不想做

解答 6

一人一個杯子，減少清洗的量

水槽裡只要一堆滿髒杯子，就連大人也會不想處理。如果每個人都只有一個杯子的話，可以培養全家人用完就要洗的習慣，孩子對於洗東西這件事的負擔也會變小。

參考對象 ▸ 小堀愛生

育兒提示

- 養成自己的東西自己洗的習慣，如果孩子幫忙洗家人的杯子，要好好感謝他們，讓他們感到充實。

便利小物

使用可愛的菜瓜布能提振孩子的心情。如果菜瓜布太大可以用剪刀剪成小塊，方便使用。

腳踏凳可以隨著孩子的成長調整

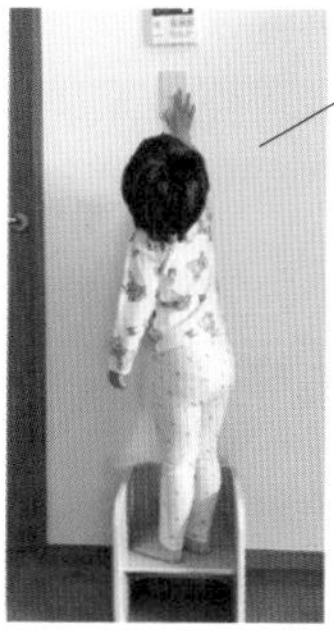

搆不到

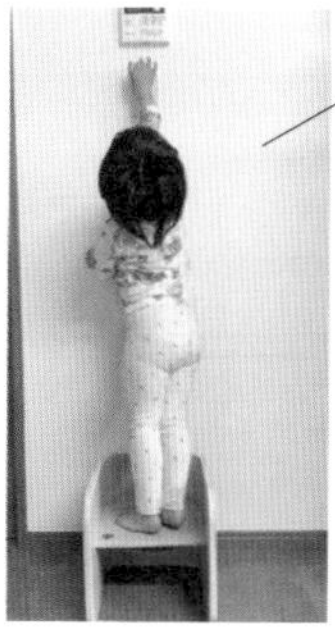

還是
搆不到

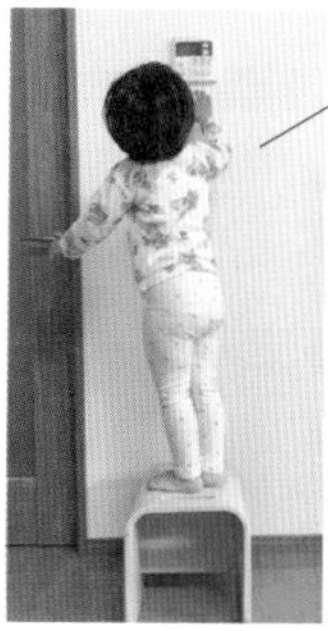

搆到了！

只要一轉向就能改變高度的椅凳，是可以配合孩子成長做使用的便利小物。照片裡的是「HOPPL 的 ColoColo 椅」。

煩惱
7

將食物隨意地收進冰箱

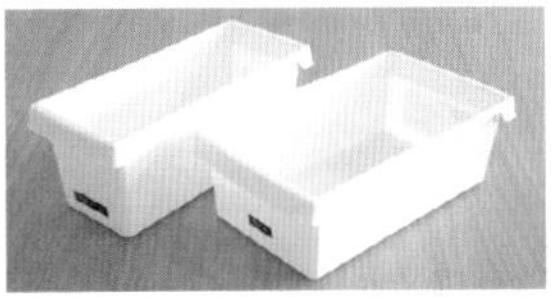

便利小物

選擇邊緣有一點凸出來的收納籃，使用上更很方便。

小物專頁 P. 92

育兒提示

- 將同種類的食品收在同一個籃子裡，例如吃飯時會用到的佃煮與梅干可以放在一起；把吃麵包時會用到的果醬與奶油放在一起。以這樣的分類方式讓孩子學會先自主思考再行動

解答 7

利用長型收納盒規劃出不同種類的放置場所

不要用普通的收納盒，推薦使用符合冰箱深度的盒子（サナダ精工）。如此一來，冰箱看起來乾淨明瞭，孩子和老公也更容易參與家事。

參考對象 ▸ 室井宅邸（小孩0歲和2歲）

煩惱
8

吃剩的零食放在客廳不收

使用方便搬運的籃子。

解答 8

用籃子集中收納，讓孩子學會自己準備零食

依據零食種類或是是否開封 將零食分別收進籃子內。像是去柑仔店買東西一樣，創造出能自己挑選要吃的巧克力、仙貝、糖果還是口香糖的樂趣。另外，也能防止買太多的情況發生。

參考對象 ▸ 小堀愛生

育兒提示

- 因為孩子自己也知道零食的數量，能夠藉此培養管理能力。

煩惱
9

沒吃完的零食袋或零食盒好佔空間，不知道要放哪裡

依種類分別管理。

解答 9

放進保存用的袋子或瓶子，並貼上賞味期限貼紙

依照零食種類放進不同的容器內收納。推薦使用看得見內容物的透明容器。統一容器的形狀，陳列在架子上會更整齊。另外也會在容器貼上賞味期限的貼紙。

參考對象 ▸ 小堀愛生

煩惱 10

老是忘記帶餐具去學校

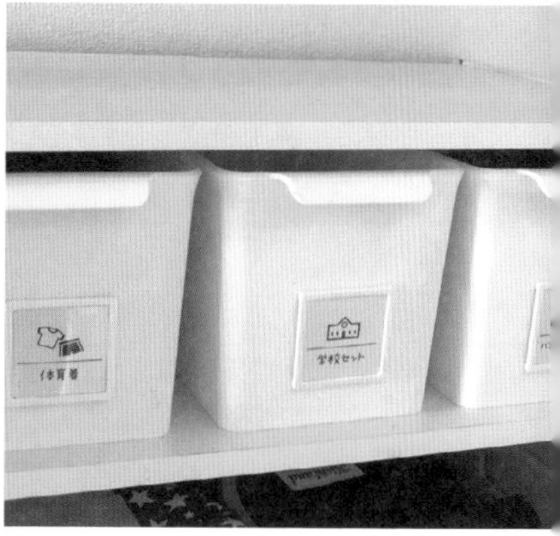

貼上標籤，讓孩子一目瞭然。

解答 10 放進餐具組的籃子內，和學習用具一起保管

規劃一個學校用套組，將週五孩子帶回來的牙刷、杯子以及餐墊清洗或維護後，集中放置在一個籃子裡。能在外面清楚地貼上標籤的話更好。為了讓孩子能在提不起勁的週一早上順利完成出門準備，集中收納非常重要。

參考對象 ▶ 小堀愛生

煩惱 11

讓孩子幫忙做飯前準備卻擺得亂七八糟，只能自己重擺

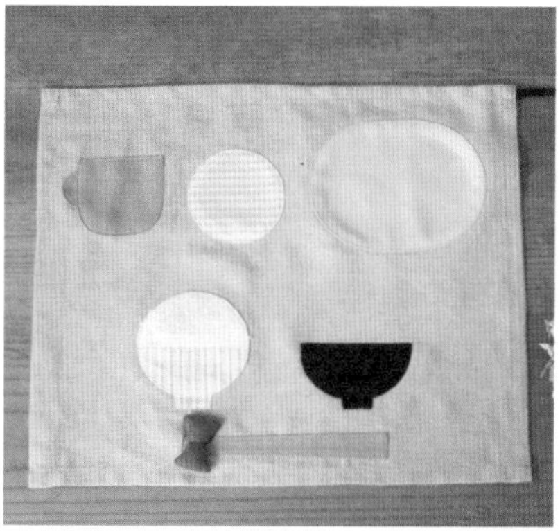

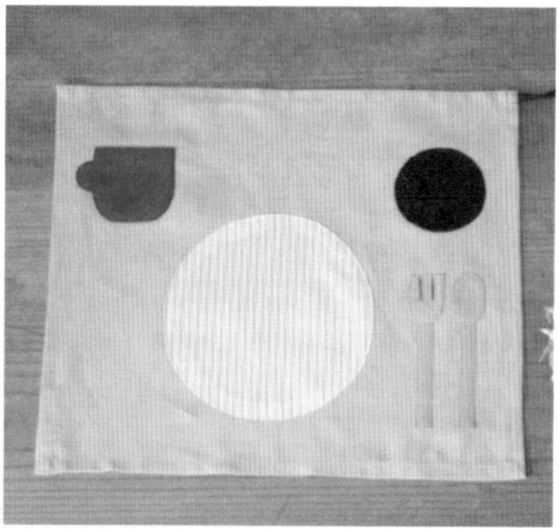

在餐墊上用可愛的圖案標示出餐具的擺放位置，孩子們看到也會感到開心。

小物專頁 P. **92**

解答 11 使用有引導餐具位置的餐墊

為了讓孩子能清楚知道擺盤的規則，準備有印記的餐墊。有了定位就更容易理解。從瞭解東西的擺放位置與收納位置，可以讓孩子練習遵守收納的規則。

參考對象 ▶ 小燕子之家的宅邸（小孩6歲）

育兒提示

- 透過完成自己在家中的職責，能夠讓孩子從某人的歡笑中獲得喜悅，同時也與重視自己息息相關。

掛上附圖的標籤，更容易理解。

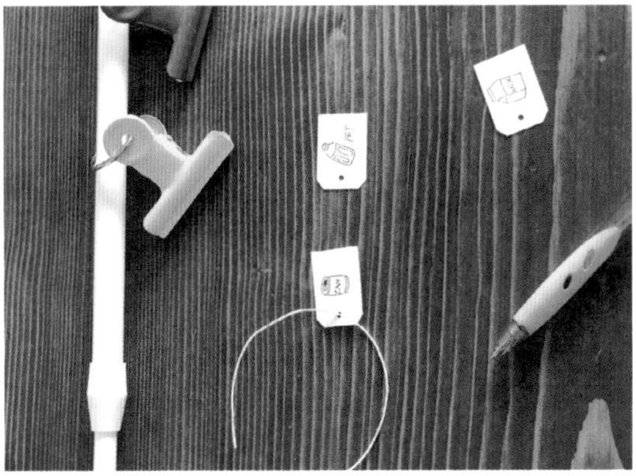

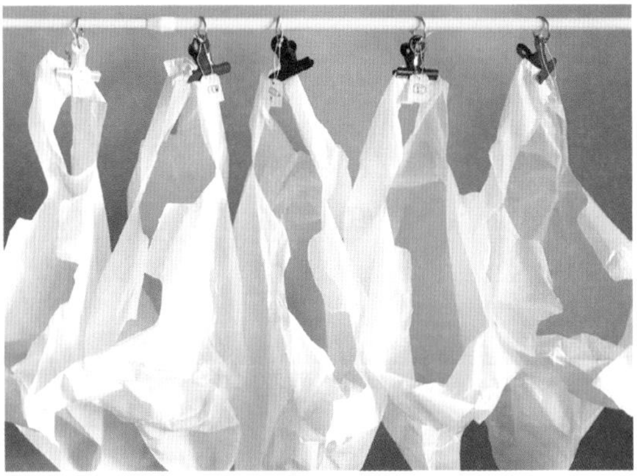

煩惱
12

沒有多餘空間
放不同的垃圾桶來資源回收

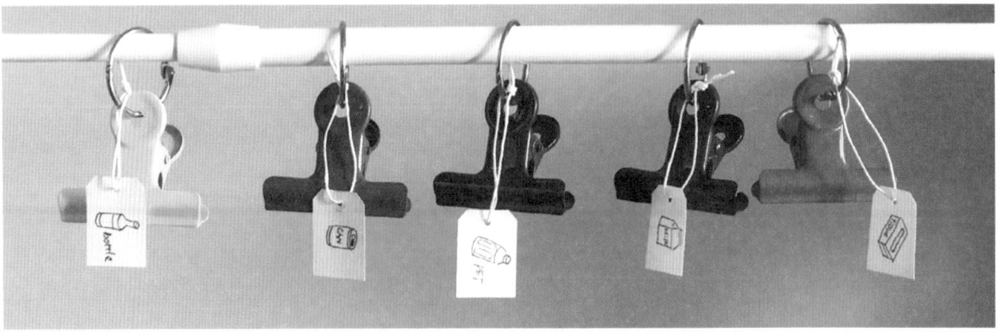

解答 12 用長尾夾吊著塑膠袋，就能清楚地收納與分類

垃圾桶體積很大很礙事，如果再依不同類別放置垃圾桶的話更佔空間。所以我在吊桿套上圓環後掛上長尾夾，並掛上超市的塑膠袋或垃圾袋。還可以利用長尾夾的顏色來制定規則，如此一來，就能有效讓孩子理解，什麼樣的垃圾應該丟在哪裡。

參考對象▸谷口宅邸（小孩4歲和7歲）

育兒提示

- 先在家裡學會社會規則，萌生孩子的社會性。

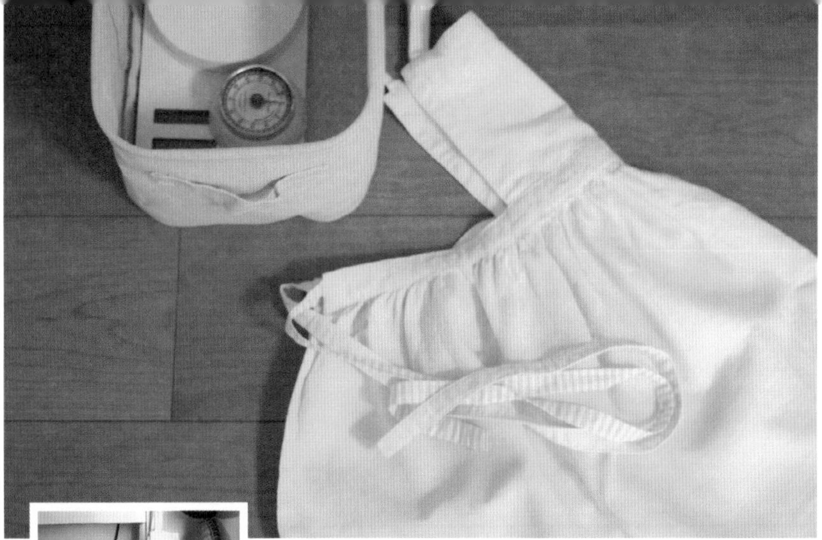

煩惱 13

幫忙做菜時半途而廢，之後就不來了

解答 13

把孩子的專用圍裙掛在架子上，讓他明確知道自己的任務

讓孩子自己選擇任務。為了讓他們有必須完成任務的自覺，孩子專用的圍裙就能派上用場了。穿上專用圍裙能讓孩子切換成「我在做菜」的心情，比較不容易放棄。在我家，為了讓孩子能自己收拿，所以都會把圍裙掛在架子上。

參考對象▸小燕子之家的宅邸（小孩6歲）

把圍裙掛在架子上，孩子也能輕鬆拿取。要收到箱內也ＯＫ！

煩惱 14

父母沒有指示，就不知道下一步該做什麼

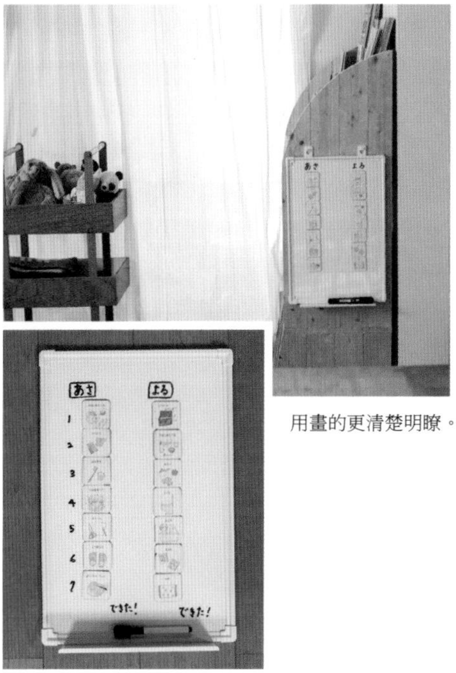

用畫的更清楚明瞭。

解答 14

使用磁吸式白板，讓孩子養成完成任務的習慣

將每個任務做成磁鐵貼在白板上，讓事情進度「可視化」。這樣一來，孩子能夠理解自己的任務並實踐，從中獲得成就感。

參考對象▸小燕子之家的宅邸（小孩6歲）

育兒提示

- 讓孩子自己決定任務的優先順序，從中學習如何計劃。

SPACE 05

把家裡變整潔

體驗到家裡變整潔的喜悅，
將成為孩子習慣養成的第一步。
方便拿取能夠讓身體或房間變乾淨的物品是關鍵。
另外，物品使用的方便性也很重要。
而「謝謝」這個詞彙更能讓孩子的心情變好。

為了盡到家庭義務

養成打掃習慣

- ☐ 換成方便使用與拿取的打掃用具
- ☐ 換成方便移動的打掃用具
- ☐ 想辦法讓孩子實際體驗到家裡變整潔了

從變整潔的結果體驗到成功

一個人能做到身體保養

- ☐ 毛巾類以方便使用的原則來做收納
- ☐ 巧妙地收納牙刷用具更乾淨
- ☐ 想辦法讓孩子能保管小物

形成規律的生活模式

收納技巧的基礎 & 育兒小提示

技巧 1 物品要能夠方便拿取

以孩子視角一一確認打掃用具的擺放位置是否容易取出以及能否方便移動到使用的地方。通常孩子抱怨「不知道」、「做不到」的原因就是源自於此。

提示 1
若孩子能理解打掃的用意，也能提升他們的動力。

技巧 2 準備孩子專用的小型打掃用具

一般的打掃用具對孩子而言太大。這時候為孩子準備較小的專用打掃用具，會讓他們打掃起來更輕鬆，即使沒有父母的指示也能自己動起來。

提示 2
方便使用的工具，將提升孩子的集中力與續航力。

技巧 3 清潔身體的盥洗用具等放在方便拿取的地方

毛巾、睡衣以及刷牙用具等每天都會用到的東西，一定要放在固定的位置。而且必須以孩子能拿到為原則。同時追求外在的美觀。

提示 3
能讓孩子習慣規律正常的生活，並漸漸提高自律性。

技巧 4 用完成任務的動線來規劃收納場所

如果能在同一個地方更衣或完成外出準備，那麼所有動作都會很流暢。換下來的衣服也是一樣的道理。依照格局、生活型式去思考動線，並規劃各個收納場所。

提示 4
因為能想像到行動路徑，所以也能培養孩子的規劃力與整理力。

煩惱
1

雖然願意打掃，但卻不將打掃用具歸位

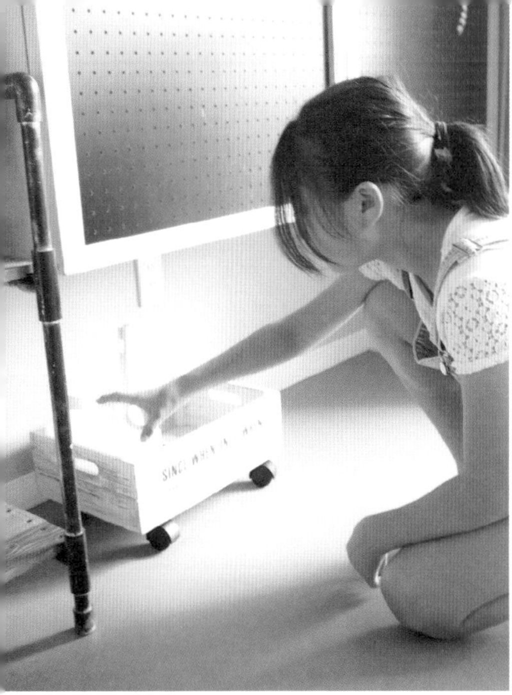

解答／1

使用滾輪移動式收納箱就能輕鬆物歸原處

對孩子來說，打掃用具可能太重。因此可選擇附滾輪的收納箱（宜得利 INBOX 系列收納箱＋滾輪），東西更容易拿取，這樣一來，也能提高孩子的幹勁。

參考對象▸小堀愛生

帶有滾輪更方便移動。

煩惱
2

無法選擇適當的打掃用具，從開頭就遇到挫折

只需一個巧思就能讓孩子覺得打掃更簡單。

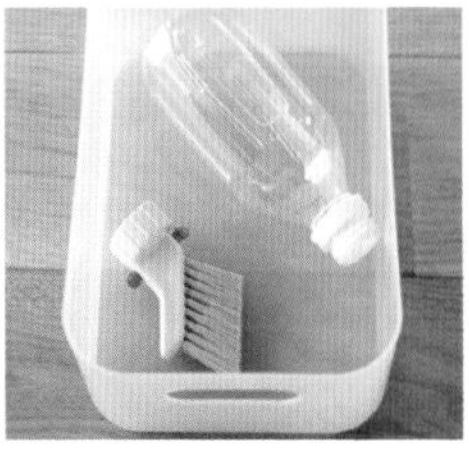

便利小物

把刷具和裝水的保特瓶組裝在一起的道具。

育兒提示

- 一起打掃的話，孩子也能看見父母的反應，進而提升因變乾淨而產生的喜悅與為此主動打掃的樂趣。

解答／2

統整出孩子專用的用具，製作大掃除組合

事先準備孩子專用的打掃用具，讓他們能夠一起參與打掃。將在百元商店買得到的瓶口刷裝在寶特瓶上（放在窗邊等沒有水的地方很方便），對孩子來說是很好用的物品。

參考對象▸小堀愛生

可以另外準備孩子專用的小尺寸掃把與畚箕。

煩惱 3

沒辦法好好使用掃把跟畚箕，進而失去幹勁

Seria的「掃把畚箕組合」

小物專頁 P. 92

解答 3 準備符合孩子身型的打掃用具。

準備符合孩子手的大小的用具。將打掃用具放在容易髒亂的場所，養成只要髒了就馬上清理的習慣。

參考對象▸小堀愛生

育兒提示

- 有了專屬於自己的東西，就不會有被當成小孩看待的感覺，進而培養孩子的自立心。
- 如果一髒了孩子就主動打掃，記得誇獎他們。

煩惱 4
衣物放在各處，沒辦法自己準備更衣

在每個抽屜上寫上名字更容易辨別。

解答 4 在洗手台旁邊用籃子或抽屜櫃收納衣服

將衣物全部集中收納在同一個地方。放在洗手間的話，洗好澡要拿內衣褲或是睡衣時都特別方便。

參考對象▸ゆうこ（Yuuko）宅邸
（小孩7歲、10歲、12歲）

育兒提示

- 孩子如果理解脫衣→洗衣→曬衣→摺衣→收拾，這樣一連串的流程，他們就會知道那些動作是有意義的。

煩惱 5
受夠了玩耍後的髒衣服，孩子卻不自知

解答 5 讓孩子實際體驗清除髒污的喜悅

在浴室的一角放置洗襪子用的洗衣板和洗衣皂，讓孩子在弄髒後能夠馬上清洗。孩子從變乾淨的過程中感受到樂趣，就會變得比大人還要認真清潔。

參考對象▸小堀愛生

育兒提示

- 由於變乾淨的成果是肉眼可見的，孩子能夠從中獲得成就感，進而培養集中力。

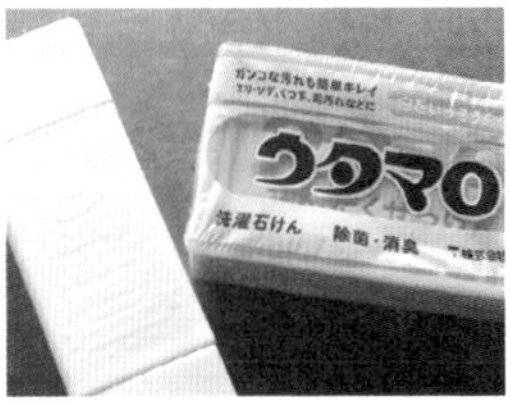

將洗衣皂切成小塊， 放入[1]小久保工業推出的「直接塗奶油條」裡使用會更方便。

[1] 小久保工業：日本的一間製造日用品的公司

煩惱 6

無法一個人完成洗澡準備

育兒提示

- 讓孩子有「自己周遭的事情自己處理」的自覺，進而培養自立心。

放在孩子好拿的位置。

解答 6

將毛巾與睡衣放在伸手拿得到的地方

只需將毛巾跟睡衣放在浴室附近，就能減少孩子動不動大喊「媽媽幫我拿～」的情況。因為籃子或收納箱只要拉開就可以直接拿取物品，所以東西拿出來之後也能整潔地歸位。

參考對象 ▸ 小堀愛生

煩惱 7

髮飾放在洗手間都不收

解答 7

利用壁掛式收納，讓孩子學會自己準備出門

自製一個能夠掛在洗手間牆壁上的飾品收納盒。若不方便自己做的話，也可以去百元商店買一個壁掛式收納袋（通常會拿來當作藥袋）代替使用。如此一來，每天早上就能快樂地做出門準備。

參考對象 ▸ 小燕子之家的宅邸（孩子6歲）

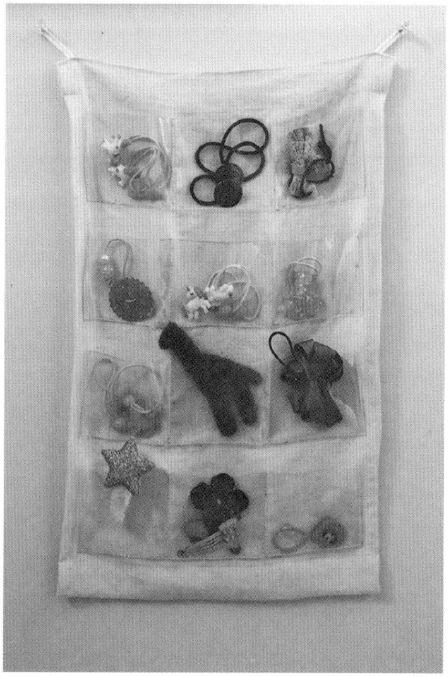

如果掛在牆壁收納，飾品就不會四散造成麻煩。

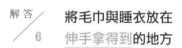

煩惱
8

浴室裡玩具四散，清潔水垢也很不方便

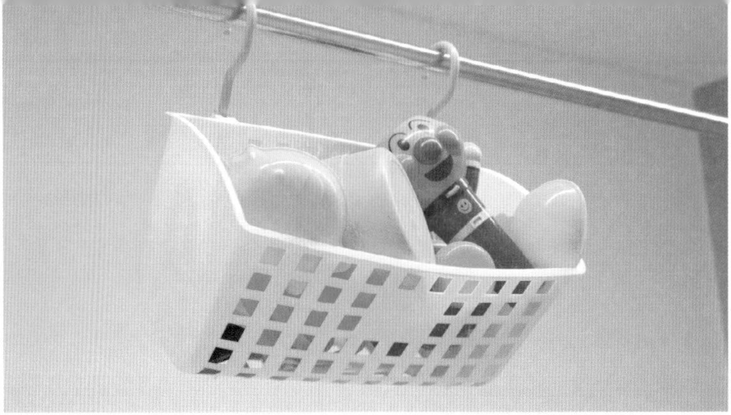

規定玩具的數量，清楚收納。

育兒提示

- 將不需要的東西拿走，讓孩子搞清楚這個空間的原有目的，藉此學會遵守規則。

解答 8

只放需要的玩具數量，並規定玩具的擺放位置

用「浴室只能放３個玩具」之類的方式規定孩子選出最想玩的玩具，將浴室的玩具數量減少到不會四散的狀態。如果將玩具收在收納籃內，並用Ｓ型掛鉤掛好，排水性也很棒。

參考對象▸室井宅邸（小孩０歲和２歲）

煩惱
9

因為搆不到洗臉台上的掛鉤，牙刷用完不放回原位

使用能夠個別收納的牙刷架，打掃起來也很方便。

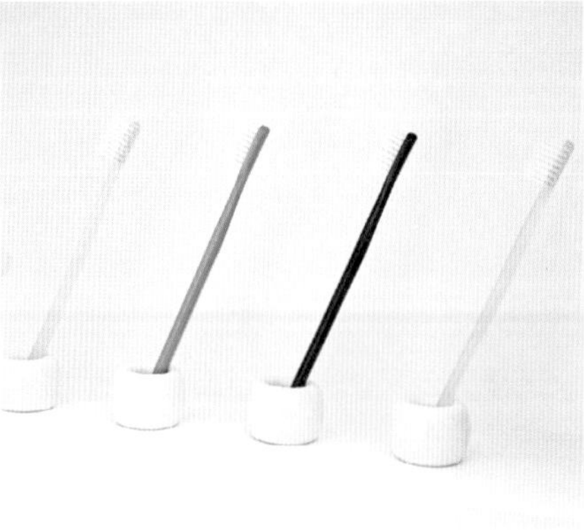

放在孩子能夠自己拿取、放回去的高度。

解答 9

準備一個孩子專用的盒子收納盥洗用具，並放在伸手搆得到的地方

在學校或幼稚園使用的牙刷也可以收在專用的收納箱裡，這樣一來便可減少忘記帶的機率。在家裡的洗手間也可以在孩子伸手搆得到的地方放置一個專用的收納箱或牙刷架，讓孩子從「幫我拿牙刷！」自然而然地變成主動去刷牙。

參考對象▸小堀愛生

煩惱
10

尿布的收納位置不固定，要去拿很不方便

解答 10

將**整套用具**收納一個袋子裡，方便移動

換尿布會在家中各個地方進行。因此使用袋子收納，即使是很忙的時候也能整袋直接搬過去。把尿布、濕紙巾（屁股用）、藥膏以及塑膠袋等整套會用到的東西全部裝進去。現在連孩子也會自己去拿過來。

參考對象 ▸ 文子小姐宅邸（小孩5歲、2歲）

育兒提示

- 從小不依賴父母，養成達成目標的行動力。

因為使用的是小型的收納盒，所以2歲小孩也能輕鬆搬運。

將整套會需要的東西全都收進去，這樣一來隨時都能輕鬆移動。

煩惱
11

自己找不到需要的衛生用品

解答 11

利用**看得到內容物**的專用盒收納

將容易因亂放而找不到的的衛生用品收在專用的收納盒內。推薦透明的收納箱，讓孩子一眼就能知道裡面放了什麼東西。

參考對象 ▸ 菊池宅邸（孩子6歲、10歲、12歲）

SPACE 06

出門的準備

玄關是家裡和「學校、出門玩耍、外出購物」等外界連結的空間。
雖然對年幼的孩子而言，
靠自己完成出門準備有點困難，
但如果讓他們理解拿取需要的東西、回家之後馬上物歸原處的道理，
出門這件事會變得更好玩。

提高準備出門的規劃能力

確認物品的固定位置

- ☐ 衣物、包包類是否放置在同一個場所
- ☐ 手帕等出門會用到的東西是否集中收納
- ☐ 雨具、戶外用具是否有依照種類區分

⇩

提高自律性

考慮到動線的物品配置

- ☐ 想辦法讓孩子能在玄關準備
- ☐ 讓孩子在回家之後能夠馬上收拾
- ☐ 移走不需要的東西

⇩

學習有效地掌握時間

收納技巧的基礎 & 育兒小提示

技巧 1

使用便利小物，防止東西脫下不收的狀況

想辦法讓常用的東西放在容易拿取、歸位的地方。將外套或帽子掛在掛鉤上、鞋子統一放在固定的地方，像這樣將所有動作例行公事化很重要。

提示 1

打造能夠清楚切換家裡與外面的生活模式。

技巧 2

收納時依照行動目的分類後，再進行種類區分

隨著孩子的成長，行動範圍會跟著擴大，物品也會隨之增加。為了讓孩子自己也能整理，依才藝課用具、玩具等種類進行區分，並放在各自的收納場所吧！

提示 2

讓孩子學會目標為導向的行動能力，進而感到充實。

技巧 3

有效運用小空間

每個出門時會用到的東西的大小、形狀都不一。不要直接放置，而是活用吊桿與S型掛鉤，有效運用空間，這樣一來，不僅外觀美觀，拿取東西也變得更方便。

提示 3

因為所有東西都一目瞭然，所有也能有效運用時間。

技巧 4

告訴孩子在收納與整理時，要考慮到下次的行動

就像是將鞋子擺放整齊不只是為了外表美觀，也是為了能讓下次要穿的時候更方便，好好告訴孩子為什麼掛鉤上只能掛固定數量的衣服以及不重複掛的原因。

提示 4

讓孩子學會在行動前考慮到下一步，同時學習為他人思考。

煩惱
1

帽子脫下來不收，如果塞進箱子裡帽型又會崩壞

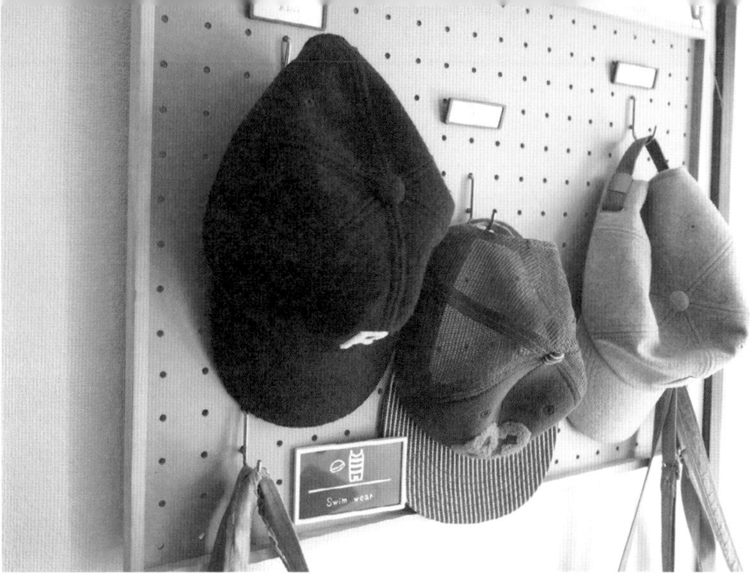

解答
1

將掛勾掛在有孔洞的木板上，能隨意調整高度

只需要將脫下來不收的帽子用掛勾掛在有孔洞的木板上。不只在孩子還小的時候能將物品掛在較低的位置，由於木板高度可以隨時調整，因此也能隨著孩子的成長去做變化。

參考對象▸小堀愛生

推薦使用有孔洞的木板，這樣一來就算孩子長大也能繼續使用。

煩惱
2

包包的種類增加，收納位置不夠放

解答
2

在收納架的兩側桿子掛上吊鉤，就能掛更多包包

容易佔空間的包包可以用S型掛勾掛在收納架上收納。如此一來，背帶也不會纏在一起，變得更乾淨俐落。

參考對象▸文子小姐宅邸
（小孩2歲、5歲）

要掛較重的包包時， 推薦使用雙層的S型掛勾。

育兒提示

- 因為將幼稚園會用到的東西集中收納，所以孩子可以輕鬆記住物品的位置，出門準備的動線也能縮短，減輕壓力。

煩惱 3

才藝課用的衣物四散各處，準備的時候很不方便

解答 3

統一收在才藝專用的收納箱，並貼標管理

利用收納箱就能解決才藝課用衣物和日常衣服混淆在一起的煩惱。將每個箱子分別貼上標籤，拿取東西更順暢。

參考對象▶ゆうこ(Yuuko)宅邸（小孩7歲、10歲、12歲）

育兒提示

- 上才藝課前，學會自己準備需要的東西，培養自我管理的能力。

使用同樣種類的收納箱，外觀更整潔。

煩惱 4

好多件外套同時掛在同一個掛鉤上，一下子就掉了下來

在希望孩子特別留意的地方貼上紙條提醒。

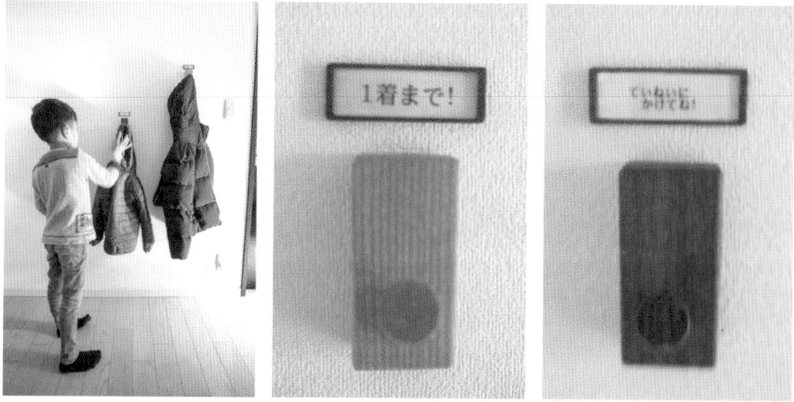

解答 4

在牆壁設置一件專用的掛鉤，同時貼上想傳遞給孩子的訊息

不要讓孩子在一個掛鉤上掛太多件外套，只將需要的掛鉤數量貼在牆壁上。另外在牆壁上寫上「一件為止」或是「仔細地掛喔」等訊息給孩子。

參考對象▶小堀愛生

育兒提示

- 無法出聲叮嚀孩子時，可以用訊息傳遞想說的話。這樣會讓孩子產生安全感，進而更有自信。

在吊桿上掛上Ｓ型掛鉤的話，打掃用具也能輕鬆收納。

煩惱 5

在外面用的東西直接丟在玄關不管

解答 5　把東西掛或吊在牆上收納，隨時方便拿取

帽子、傘或戶外玩具等物品用吊桿和掛勾掛在牆上收納。因為單手就能拿取並歸位，對大人和小孩而言都很輕鬆。

參考對象 ▸ まゆこ（Mayuko）宅邸（小孩2歲、5歲）

育兒提示

- 瞭解出門前、回家後的必辦事項，學習準備的重要性。

煩惱 6

雨傘、雨衣等雨具四散在玄關

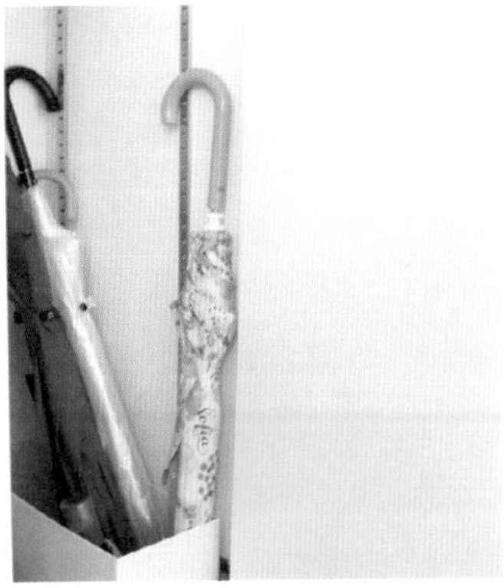

雨天專用的物品都放在鞋櫃裡。

解答 6　在外使用的東西統一收進鞋櫃裡

使用ㄇ字型的收納架，盡可能不要浪費鞋子上方的空間。另外，直接在鞋櫃裡放入傘架，孩子的長靴跟雨傘也能夠簡單地一同收納。

參考對象 ▸ ハギヤマ（Hagiyama）宅邸（小孩6歲）

育兒提示

- 練習將傘摺好，不僅能培養孩子手的靈活度，也能讓他們學會以方便收納的角度去思考事情。

將日常用品與才藝課用品明確地區分，就不會搞混。

煩惱 7 才藝課的用具和日常用品混在一起

解答 7 在方便取得的位置放上專用的收納箱進行收納

將才藝課用具跟日常用品混在一起收納，往往是造成漏帶東西的主因。所以要分別放在不同的收納箱內管理。把東西收進專用的收納箱則是孩子的職責。

參考對象 ▸ YUKO小姐宅邸（小孩11歲和13歲）

育兒提示

- 孩子透過整理自己周遭的東西，培養管理能力。

煩惱 8 玩耍回來後不會馬上整理

解答 5 把收納箱放進鞋櫃收納物品

將容易亂放的戶外玩具收到鞋櫃裡的收納箱內。玩具有了各自固定的收納位置後，孩子就能一目瞭然，也會更願意主動自己收拾。

參考對象 ▸ まゆこ（Mayuko）宅邸（小孩2歲、5歲）

育兒提示

- 透過遵守「玩完就要馬上收拾」的規則，培養孩子的責任心。

大人的鞋子放在上層，孩子的鞋放在下層。鞋子依種類分別擺放。

煩惱
9

忙碌的早晨時光，此起彼落的「媽媽，手帕在哪裡？」

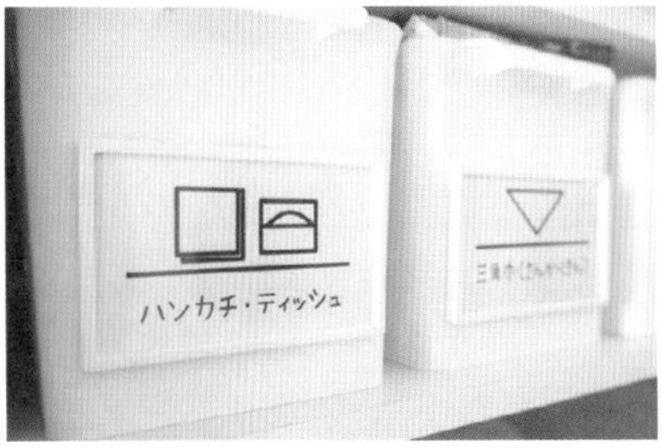

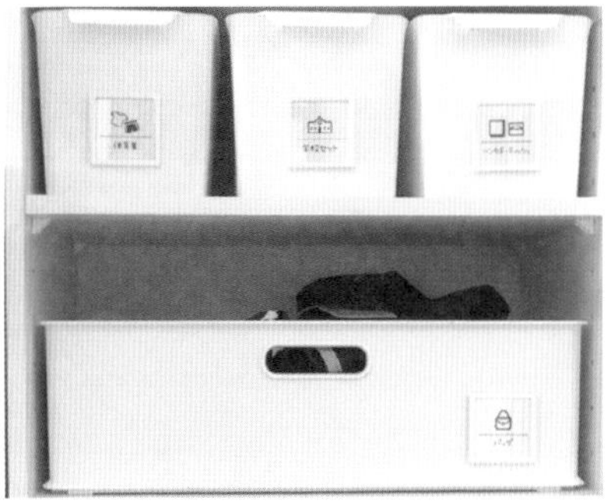

集中放置上學用具，避免忘記帶的情況發生。

解答 9

將備品放進專用盒內做替換，並貼上標籤讓孩子一目瞭然

手帕面紙放在鞋櫃附近集中收納。若是在客廳做上學準備的話，可在那附近放置一個手帕面紙的收納箱。讓孩子能自己做出門準備。

參考對象 ▸ 小堀愛生

育兒提示

- 孩子會變得重視習慣，並沉著冷靜地去行動。

煩惱
10

吊衣桿太高，孩子的手搆不到

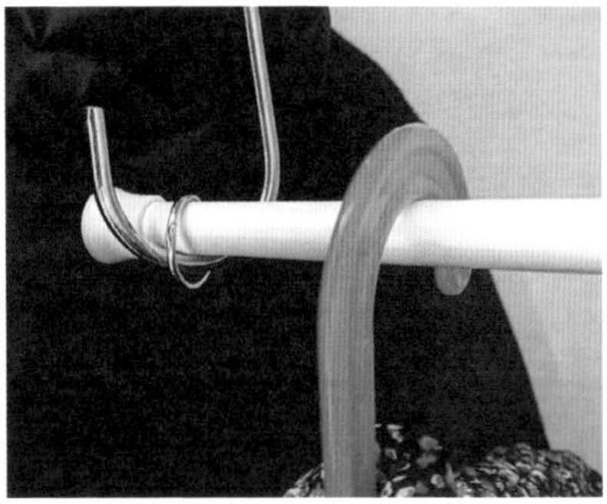

在 S 型掛鉤跟桿子上加上圓環（固定五金），讓 S 型掛鉤的位置不會跑掉。

解答 10

利用 S 型掛鉤和桿子製作一個專門讓孩子掛外套的空間

準備兩個長型的 S 型掛鉤，並在上面架上一根吊桿，如此一來孩子能輕鬆使用的外套吊桿就完成了，因為長度能夠調整，所以可以依照剩餘空間的大小進行調整，非常方便。

參考對象 ▸ 菊池宅邸（小孩 6 歲、10 歲、12 歲）

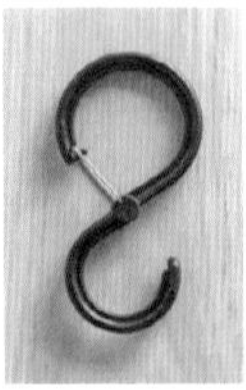

便利小物

有些 S 型掛鉤是有附止滑功能的，能夠防止 S 型掛鉤從桿子上滑出去。

小物專頁 P. 92

育兒提示

- 能讓孩子學會處理自己周遭的事物。

煩惱
11

佔空間的戶外用品好礙事

解答
11

利用隔板，統一收納在櫃子裡

可以配合收納用具的高度去調整隔板的位置。有一定長度的物品基本上可以立著收納，才不會浪費空間。

參考對象▸まゆこ（Mayuko）宅邸
（小孩2歲、5歲）

底部墊著紙箱能夠避免弄髒。

便利小物

防災用具跟備品可以統一收在一個箱子裡。

煩惱
12

出門前找不到需要的東西

在鞋櫃門內側設置掛鉤，作為鑰匙的收納空間。

解答
12

將必要的東西集中放鞋櫃裡一起收納

盡量將孩子的所需用品收在鞋櫃裡。這樣穿鞋的時候也能將玩具一起帶走。另外，在鞋櫃門的內側設置一個收納鑰匙的空間，可以減少搞丟鑰匙的情況。

參考對象▸富田宅邸（小孩6歲和9歲）

收納改造 & 育兒紀錄

NON醬的“收拾好好玩”

當時 2 歲的 NON 醬還不懂得如何收拾。
話雖這麼說，其實只是還不知道收拾的方法而已。當有了正確的收拾經驗，
NON 醬也漸漸地學會收拾的方法。

主婦31歲（先生、NON醬2歲、Tsune君0歲）的 **煩惱**

煩惱 1 — 無法好好利用收納空間。

煩惱 2 — 隨著東西增長，失去整理的精力。

煩惱 3 — 被育兒追著跑，東西拿出來就懶得歸位。

將孩子的房間

煩惱｜明明有收納空間，卻還是很雜亂。

收納大改造！

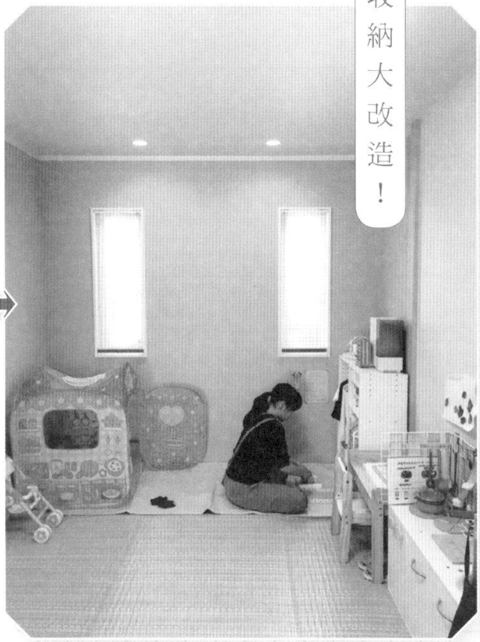

解答｜依種類決定收納位置。

原本只是一味地把東西塞滿或放置在有空位的地方，現在光靠著定下物品的固定收納位置就能輕鬆整理，還騰出了玩樂的空間。

規定物品的適當數量，依照種類區分。NON醬每天都會巡邏，確認物品是否在固定的位置。

將廚房收納大改造！

煩惱｜尋找要用的東西很費力。

解答｜用同一種的收納箱收納，並在外面貼上標籤！

使用3層架，所有的收納箱都能放進去。
統一使用同樣種類的收納箱，並貼上標籤以便知道內容物是什麼。

手帕或紙類也可以用同樣的方式收納，
讓全家人都能馬上找到並拿出。

將衣櫃收納大改造！

煩惱｜全家人的東西都混在一起。

解答｜將每個家庭成員的衣物分開放置，並且只放當季衣物。

以每個家庭成員、季節以及使用頻率來考量收納方法。
根據孩子的成長去調整配置，讓他們能夠自己更衣。

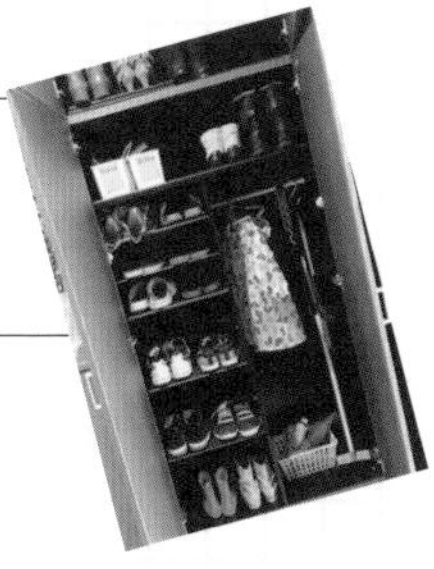

鞋櫃也是一樣，將孩子的東西放在
伸手可及的位置。

家人的變化

媽媽學會正確的收拾方法後，與孩子一起實踐，
透過這樣的過程，NON 醬在模仿的同時也學會了收拾方法。
就算變亂了，也能馬上找出解決方法。

- 媽媽學會正確收拾
- 一起實踐收拾整理
- 孩子模仿收拾
- 產生自信後自動自發

有了更多的時間，讓內心產生餘裕，全家人都有了笑容！

NON醬的自主行動

讓NON醬能自動自發地去整理收拾。
透過父母的一句話或是「謝謝」這個詞彙，提高動力！

1

NON醬：「全部拿出來～」
媽媽：「裡面有什麼啊～好好看看～」

2

NON醬：「把同樣種類的放在一起～」
媽媽：「好好立著擺喔～」

3

媽媽：「收的時候不要讓它們倒下來喔～」

4

NON醬：「嘿咻！」

5

NON醬：「看得到貼紙呢」
「嗯，弄好了！」

6

媽媽：「NON醬，謝謝！」

讓收拾變成習慣，培養了選擇的能力、想像力！

收納整理×育兒心得

1 找出做不到的原因

2 加入遊戲元素

3 促進挑戰

4 和家人一起執行

5 累積成功經驗

光靠大掃除或重新裝潢這樣的大動作
是沒有辦法讓孩子輕鬆收拾的。
在每天的生活中，有多少和孩子面對面的機會才是重點。
試著在日常的育兒中加入收拾的元素，
從小小的改變開始吧！

1

首先回應孩子的撒嬌，讓他們產生安全感
等到產生意願後大人的心態也要調整

將「為什麼不收拾？」這樣的問句改成「怎麼做你會比較好收拾呢？」這將成為促使孩子成長的重要開關。只要知道理由，大人的態度也會變溫和，自然就會開始「守護」以及「等待」孩子。

所有孩子在嬰兒時期都處於「依賴」的狀態。經過不斷地成長才會慢慢開始「自立」，而在這樣的過程中，「撒嬌」是必要的。如果父母願意回應孩子撒嬌，便能讓孩子產生「安全感」。之後孩子會出現「沒辦法按照自己的想法完成」的「不自由感」。這個時候，父母只要退後一步，孩子就會想要自己嘗試各種事物，而這也就是所謂的「意願」。

關於收納也是，先了解這個孩子的心理變化，再與他應對，是非常重要的一點。

成長吧！

小堀愛生流　創造收拾的契機

營造要撒嬌也可以的氛圍

- 還沒上小學的孩子，最好和大人一起執行
- 已經上小學的孩子，要確認他們是否有照規則執行
- 觀察孩子的情況，出聲提醒或是引導他們求救的訊號

打造能夠自己努力完成的環境

- 還沒上小學的孩子，要出聲提醒，督促他們動起來
- 已經上小學的孩子，暫時默默觀察
- 不要放著不管，偶爾也要向孩子搭話或跟進他們的狀況

依狀況給予適時的幫助

- 還沒上小學的孩子，可以與父母一起分擔收拾的任務
- 已經上小學的孩子要規定時間，樹立規範
- 透過「好像哪裡怪怪的？」「這個要放哪裡？」去推孩子一把

當孩子有動力時再忙也要交給他們（在旁觀察）

- 面對還沒上小學的孩子，要暫停手上的家事，認真傾聽他們的聲音
- 面對已經上小學的孩子，可以先回應他們，並請他們先等自己把家事完成
- 不管什麼樣的狀況都要記得在孩子完成任務後，好好誇獎並表達謝意

↓

因此　孩子會變得容易努力

↓

因此　大人的負擔減輕，心情更加平和穩定

2

加入遊戲元素，讓收拾變得更快樂

就算是大人，當事情變成義務時，就會產生壓力。而孩子也是一樣的，因為是規則、因為是任務，光是這些原因就無法讓人快樂地收拾整理。

這個時候，要不要在收拾工作裡加入一些遊戲元素呢？像是將東西放入上學用包包時，可以玩一種遊戲，那就是假裝把包包的開口當作是鱷魚的嘴巴，在把東西放進去時，小心不要被咬到。尤其是小孩看到大人被咬時都會很嗨。孩子到了五歲左右的年紀，可以讓他們和大人一起做收拾競賽。而上了小學之後，可以設定一定的時間，提高收拾的難度。因應孩子的年紀去更換不同類型的遊戲。如此一來，孩子既能享受遊戲的感覺，總有一天也會養成收拾的習慣。

動力UP！

小堀愛生流　收拾的遊戲方法

利用包包或附蓋式收納箱，玩一張一合的遊戲。

把包包的開口或收納箱的蓋子（不會受傷的材質）當作是動物的嘴巴。大人的工作是操控嘴巴的開合，而孩子則要在開開合合之中，將東西放進去且不能被咬到。如果攻守互換的話，更能炒熱氣氛。

比賽看誰收拾的比較整齊的遊戲

用時間去競賽的話，很容易亂收，若是將整齊設定為比賽項目，就能讓孩子從收拾這件事本身獲得成就感。比起比賽結果，請以「收得比之前更整齊了呢！」等的達成程度來誇獎孩子。等孩子上了小學，可以告訴他們「收拾完之後就是點心時間喔」，還能讓他們在收拾的同時意識到時間控管。

「哪裡不一樣」的找錯遊戲

這是一個在收拾完之後，讓孩子確認東西是否物歸原處的遊戲。如果孩子搞錯擺放位置，可以以「嗯？好像有哪邊不一樣喔」去提醒孩子。大人如果故意把東西放錯等待孩子點出問題，或是反問他們「這個應該放哪裡？」可以訓練孩子的反應靈敏度。

3

給予足夠的安全感，漸漸提高孩子的意願

讓孩子產生持續想要挑戰新事物的念頭，是大人的職責。話雖這麼說，但大家應該都曾經在自己做家事時，不小心壓制孩子想幫忙的意願吧？NG的說法是「我現在很忙」，然後就直接放生他們。

如果孩子還是幼兒，請盡可能放下手邊的工作好好地面對孩子。此時，可以蹲下來，視線與孩子同高，讓孩子感到安心。孩子較年長或是已經上小學的話，請不要覺得「孩子會不小心灑出來」或是「現在沒時間了」，適時地放手，並在最後一起確認成果，讓孩子嚐到「做到了！」的感覺。

另外，隨著孩子的成長，可以逐漸擴大他們管理的區域、收納用具的數量、房間的一角、房間整體等。讓孩子得到成就感的話，整理意願也會隨之提高。

煩惱解決！

小堀愛生流 這種時候的應對方法

Q 早上很忙的時候，孩子老是想幫忙好困擾

A 孩子或許是因為覺得「媽媽好忙」，才想要幫忙。因此即使是一點小事也沒關係，可以分配工作給他們，像是請他們將靜電拖把或是打掃用具拿到附近，這樣一來如果東西打翻，孩子就能自己處理，打造一個讓孩子願意努力收拾到最後的環境。

Q 孩子老是想要黏在身邊，導致無法做自己的事

A 雖然每個孩子不一樣，但首先可以試著將玩具箱或書架搬到媽媽經常在的地方，並和孩子一起整理！只要孩子對管理那個空間產生責任心，就可以再把空間擴大，不一定要設置孩子專屬的個別空間。另外，如果孩子還是幼兒，要好好重視在一起的時光。

Q 被「媽媽幫我做」的話束縛，不小心都幫他們做好了

A 如果發現孩子想要撒嬌耍賴，就只和他一起做到一半，等到孩子心情恢復穩定後，再重新交付給他們。如果確實做到了，記得稱讚他們一句「很棒喔！做到了呢！」如果只是不知道收拾方法的話，找個時間一邊教孩子收拾的方法，一邊一起實踐的話更好。

Q 幾歲開始再讓他們積極地去做收拾比較好呢？

A 從無法靈活控制身體的小嬰兒時期開始，就要讓他們養成收拾的習慣。這個時期只需要讓他們意識到什麼是「自己的東西」即可。像是對他們說：「ＯＯ醬，我要打開你的包包囉！」這樣一來就能讓他們認識自己的東西，進而產生對物品的珍惜之心。

Q 擔心孩子碰到易壞的東西

A 玻璃或陶製的餐具掉到地上容易碎掉。而這也能讓孩子體驗到應該謹慎地使用物品。比起使用掉下去也不會壞的東西，不如讓孩子去觸碰真正在用的物品，讓他們了解使用方法以及惜物的重要性。不過，像是刀具這類危險的物品還是要謹慎為上。

4

不只是媽媽和小孩之間的約定，一起樹立家中的規範吧

隨著自己能夠處理的事情逐漸增加，會讓孩子產生比較心態。此時如果家中有人不參與收拾與打掃，會孩子內心產生迷惘。因此不單單只是媽媽和小孩兩個人間的約定，應該要制定出屬於「家庭」這個小社會的規範。除了和媽媽的配合之外，也要增加和爸爸或是兄弟姊妹一起收拾的機會。從不同人的口中聽到「你已經變得那麼會收拾了啊」的稱讚，也能馬上提升孩子的成就感。

關於家庭規則，在孩子還不識字以前，有個方法是可以將附有插畫的磁鐵貼到白板上當作提醒。孩子上小學之後，則可以用「將脫下的衣服放入籃子」、「只掛一件衣服」等文字訊息去提醒他們。

更有效果的！

小堀愛生流　爸爸發揮演技的時候

假日時爸爸
扮演收拾的講師

爸爸說的話通常具有特別感。「我知道啊，你看我做得到」小孩為了想向爸爸炫耀平常就能夠做到的這些事，會更認真配合。這種時候的關鍵是爸爸的反應和稱讚。就算有點誇張也ＯＫ！

爸爸扮演學生，
孩子扮演老師

當爸爸詢問「這個要放回哪裡呢？」孩子就會得意洋洋地回答「是放在這裡，要好好記住喔。」這個過程與孩子建立自信息息相關。同時能培養他們在沒有大人的催促下，也能將物品放置整齊的基本意識。

大掃除或改變裝潢時，
成為回收隊長

不論是收拾還是打掃，孩子最喜歡不一樣的活動了。爸爸在的時候是個能讓孩子挑戰平常無法做的事的大好機會。無論是改變擺設或是回收時，都可以聽聽孩子的意見，偶爾也可以說說以前的故事，讓孩子可以確認自己對物品的喜愛程度！

5

不用做到完美也ＯＫ，讓孩子累積小小的成功經驗

請不要執著於這個當下是否能完美達成任務。應該把現在當作是為了未來努力的過程，把重點放在孩子努力時的樣子吧。不管是多麼微小的事，只要讓孩子體會到「做到了」的感覺，就能讓他們更願意去挑戰下一個任務。透過這樣的經驗累積，也能漸漸增加孩子的挑戰精神，即使會因人而異，但很多孩子都會因此在不知不覺中快速成長。而大人的工作就是要引導他們去體驗這樣的成功經驗。

例如有些孩子不擅長從眾多物品裡選出一個東西。像遇到這樣的情況時，先讓他們二選一，之後再漸漸增加選項的數量。另外，在這種時候請不要否定孩子做出的選擇（像是孩子選了紅色蠟筆，但卻問他黑色的如何？這樣是ＮＧ的），將所有選項換成自己可以接受的東西，再給孩子們去選擇吧！

找到它！

小堀愛生流　發覺孩子的成長

這個時候能夠看見成長

- 看到孩子依照自己的時間分配去收拾時
- 就算沒有很整齊，看到玩具被擺好時
- 睡前在準備明天的東西時
- 整齊地整理自己的東西時
- 將放在不對位置上的東西悄悄地放回原位時

孩子每天都在成長！
將您感受到「成長了呢！」的事情寫下來吧！

1 ……………………………………

2 ……………………………………

3 ……………………………………

4 ……………………………………

5 ……………………………………

6 ……………………………………

7 ……………………………………

8 ……………………………………

9 ……………………………………

10 ……………………………………

發現孩子的成長，對家人而言是一件幸福的事！

孩子收納的便利小物

為了塑造出能整齊收納、容易收拾的環境，必須選用好用的收納小物。
而訣竅就是依據房間格局和小孩的生活型態為考量去做選擇。

案例 ▼ P.39

單層櫃

能夠疊成三層的組合式家具。能收納書、雜貨以及裝飾品等多樣物品。※預計2020年7月會更新樣式。

- W34×H34×D29㎝、4.2㎏、有胡桃木、白、咖啡色三色
- カインズ

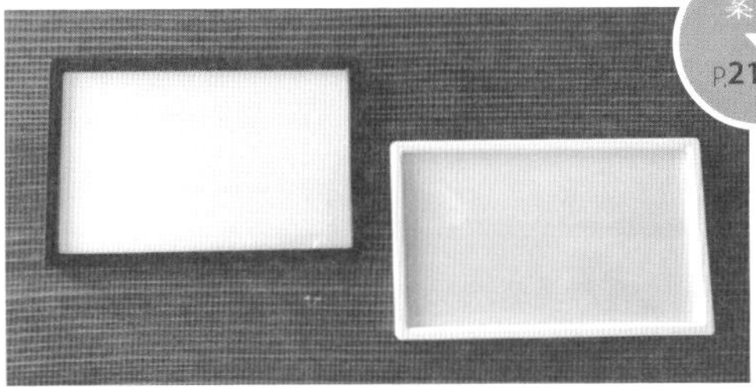

案例 ▼ P.21,35

LABEL PLATE

貼在收納箱或抽屜上的標籤板。只需用雙面膠即可貼黏。也有出已附文字或插圖的專用標籤卡。本書的案例是作為相框使用。

- S（W63×H22×D4㎜）、M（W96×H59×D5㎜）各6色、SQUARE（W48×H48×D4㎜）3色
- 宮成製作所

BUMRRRANG 原木衣架

案例 ▼ P.34

內層貼有不織布，讓褲子不容易損傷，且能牢固地掛著。由於材質是天然尤加利木，跟裝潢也很搭。

- W30×H15㎝、0.12㎏，基本材質為天然尤加利木
- IKEA

防滑褲用衣架（LAMY 3入組）

案例 ▼ P.45

能輕鬆吊掛褲子的防滑衣架。掛鉤也採不易掉落的設計。

- W34×H15.5×D0.7㎝、約100g，銀色、金屬色
- 宜得利

案例 ▼ P.40

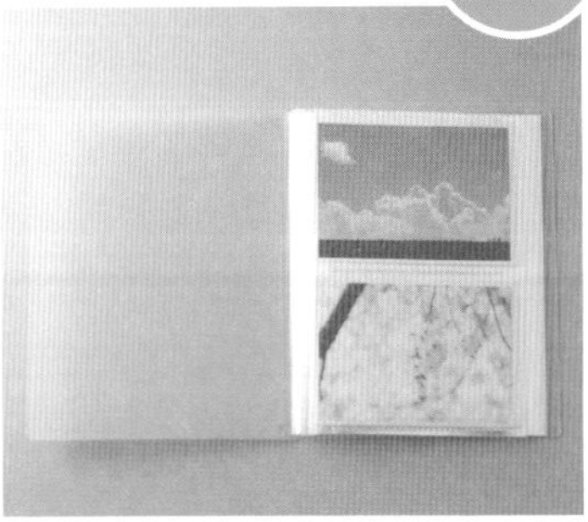

PP高透明相本（兩層L號）136張用 4×6

相本使用高透明的膠膜，能清楚看見照片。封面內側附有夾層，能放票券，作為回憶紀錄簿使用。

- 約W156×H200×D28㎜（外殼）
- 無印良品

案例 ▼ P.48

壁櫥、衣櫃用衣架桿 Versa（S）

衣架的高度有七段式調整，是能輕鬆放入壁櫥和衣櫃裡的衣架桿。設計簡約，任何地方都能使用。

- W69.7×H89.8×D40㎝、約1.42㎏，白色、金屬色，耐重約10㎏
- 宜得利

案例 ▼ P.46

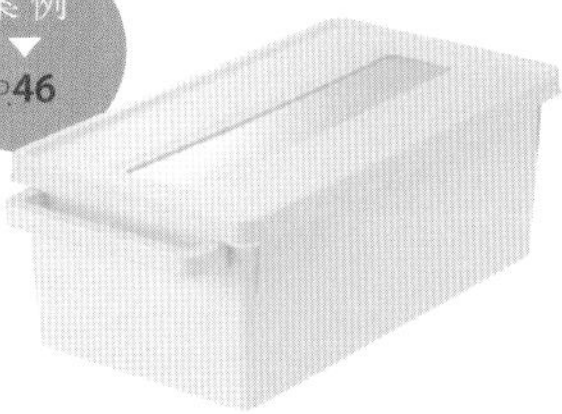

多功能媒體收納盒 452（DVD&漫畫用）

由於收納箱附帶隔板，所以不只能收納DVD與漫畫，還能收納CD與遊戲軟體。因為能夠堆疊到3層，所以能有效活用空間。

- W23.3×H15.7×D44.9㎝，白色、咖啡色、附有索引貼
- イノマタ化学

餐盤收納架 FLAT

案例 ▼ P.55

可以立著收納五個盤子的立架。不但能活用於餐具櫃，因為設計很簡單也可以放在流理台上。

- W22×H7.5×D11㎝，約370g，白色、金屬色
- 宜得利

案例 ▼ P.58

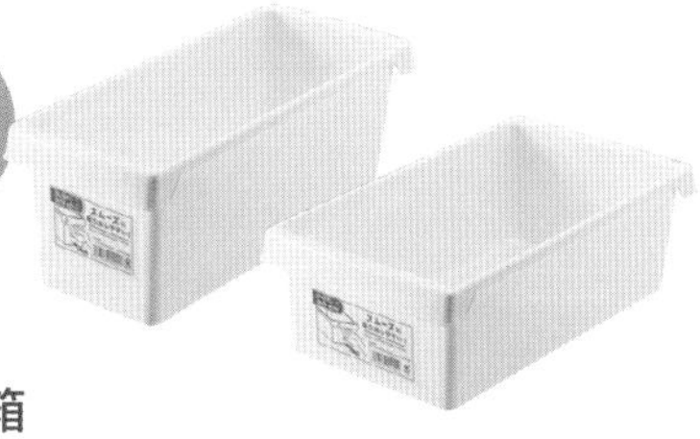

變化式 滑蓋收納箱

能收納醬油瓶、味醂瓶、平底鍋等料理用具。除了狹長型、寬型的尺寸外，也有附掛鉤的類型。

- W135×D320×H125mm（左）、W182×D320×H105mm（右），聚丙烯材質
- サナダ精工

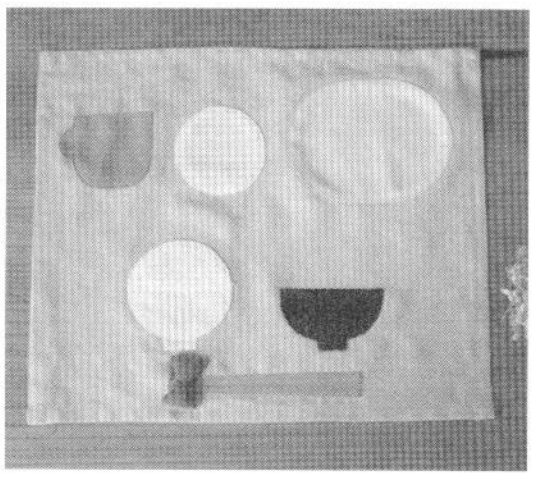

案例 ▼ P.59

餐墊

手作餐墊上面具有筷子或餐具擺放位置的可愛刺繡，能夠引導孩子。讓孩子從小學會配膳與餐前準備。也有西餐用的。

- W36.5×D30㎝，棉麻材質
- つばめの家

案例 ▼ P.76

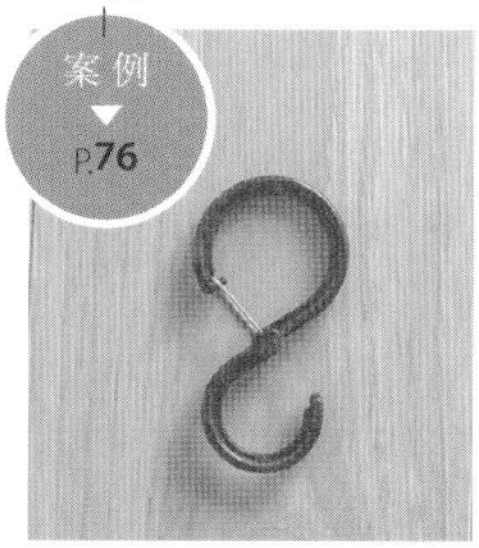

附開關的 S型掛鉤

有開關設計的S型掛鉤，掛在衣架上或衣桿上時，不會因為東西太重而滑落。最大垂直耐重為1kg，因此能廣泛使用。

- 6㎝・ϕ0.7（4P）、8.5㎝・ϕ0.8（3P）
- Seria

案例 ▼ P.65

掃帚＆畚箕組合

不管是清潔桌面還是地板都很萬用的尺寸。掃帚和畚箕是一組的，可以掛著收納，所以不用選擇收納地方。

- W160×H30×D200㎜，淺灰、深灰色
- Seria

本跨頁介紹之商品台灣與日本販售情況有所差異。

讓孩子體會「自己做到了！」的喜悅

雖然我現在從事與收拾相關的工作，但其實以前很不擅長收拾。之所以會開始學習整理收納，是因為我希望我的工作，除了給客人房子建築等硬體面的建議之外，也能提供像居住方式等軟體面的建議。在邊學邊實踐的過程中，我發現每天雖然一樣埋首於育兒和全職工作，但比起以往卻變得更能輕鬆應對生活上的事物。追根究底地來說，會覺得自己不擅長收納的原因，其實就只是不知道正確的收納方法，同時缺乏「我做到了！」的經驗而已。正因為我想要將這樣的經驗傳達給更多的人，特別是正在育兒的人，所以才會持續從事整理收納的相關工作。

我家有3個小孩，3個人卻有各有不同的收納方法。以前，我都幫他們三個買同樣的東西、讓他們用同樣的收納用具、教他們同樣的收納方法。我以為那就是所謂的公平，但對孩子來說，他們卻希望抽屜內可以留有一點空間，或是襯衫可以不用摺就能收起來……。

如此一來，很常會衍生出「為什麼，只有你做不到？」的情況，更別說如果發生在長子身上，我會不禁產生「明明連最小的弟弟都做得到」等念頭而去責備他。從那之後我開始思考，「做不到」是不是也有原因？並分別和每個孩子一起努力去收拾整理。後來，孩子們開始產生了「做到了」的自信，也漸漸提升了他們的自我肯定感跟自我有用感。

俗話說「失敗為成功之母」，收拾也是一件能夠從失敗中學習許多東西的事。

孩子有失敗的權利，也有從中學習的權利！

不要未雨綢繆，尊重他人的權利是非常重要的。「自己做到了！」的這份喜悅，將會成為孩子人生中相信自己的一股力量。不斷地體驗失敗不就是獲得自信的其中一個過程嗎？只要了解「不會收拾」的理由，大人和小孩的心情都能變得更輕鬆一些。希望本書讀者的家裡都能充滿許多的笑容。

小堀愛生（こぼめぐ）

作者　小堀愛生（こぼめぐ）

二級建築師、室內設計師。目前以整理收納顧問、親・子收納講師活動中。具有認定育兒ＨＡＰＰＹ建議師資格，講座主要以培養孩子自我肯定感為主題。以孩子透過接觸家裡的大小事培養能力，進而得到安心感為概念去做住宅收納的建議。獲得收拾大賞 2019 優勝。私底下是有三個小孩的職業媽媽。

https://www.sss-style-plus.com/

STAFF

發行者	濱田勝宏
設計	中村理恵、山岸蒔（スタジオダンク）
攝影	田辺エリ
插畫	kazuemon
校對	SSS-Style+（整理収納LABO®）
編輯	若狭和明、松本裕の、市道詩帆（以上スタジオポルト）
	相川未佳（M&Ă）
	加藤風花（文化出版局）

作者小堀愛生
譯者洪筱筑
主編吳佳臻
責任編輯王佩翊（特約）
美術設計羅婕云

發行人何飛鵬
PCH集團生活旅遊事業總經理暨社長李淑霞
總編輯汪雨菁
行銷企畫經理呂妙君
行銷企劃專員許立心

出版公司
墨刻出版股份有限公司
地址：台北市104民生東路二段141號9樓
電話：886-2-2500-7008／傳真：886-2-2500-7796
E-mail：mook_service@hmg.com.tw

發行公司
英屬蓋曼群島商家庭傳媒股份有限公司城邦分公司
城邦讀書花園：www.cite.com.tw
劃撥：19863813／戶名：書虫股份有限公司
香港發行城邦（香港）出版集團有限公司
地址：香港灣仔駱克道193號東超商業中心1樓
電話：852-2508-6231／傳真：852-2578-9337
製版・印刷藝樺彩色印刷製版股份有限公司・漾格科技股份有限公司
ISBN978-986-289-551-1・978-986-289-552-8（PDF）
城邦書號KJ2006 **初版**2021年04月
定價320元
MOOK官網www.mook.com.tw
Facebook粉絲團MOOK墨刻出版 www.facebook.com/travelmook

國家圖書館出版品預行編目資料

讓孩子主動收拾的親子整理術：6大情境X實作圖例X零難度技巧,大人從家事中脫身的親子整理秘訣!/小堀愛生作；洪筱筑譯. -- 初版. -- 臺北市：墨刻出版股份有限公司出版：英屬蓋曼群島商家庭傳媒股份有限公司城邦分公司發行,
2021.04
96面；16.8×23公分. -- (SASUGAS；06)
譯自：子どもが片づけしたくなる104のアイディア
ISBN 978-986-289-551-1(平裝)
1.親職教育 2.生活教育 3.子女教育
528.2　　　　110003507